DOM ORLANDO BRANDES

EUCARISTIA

20 meditações de esperança no pós-pandemia

EDITORA SANTUÁRIO

Direção editorial:
Pe. Fábio Evaristo R. Silva, C.Ss.R.

Conselho editorial:
Cláudio Anselmo Santos Silva, C.Ss.R.
Edvaldo Manoel Araújo, C.Ss.R.
Ferdinando Mancilio, C.Ss.R.
Gilberto Paiva, C.Ss.R.
Marco Lucas Tomaz, C.Ss.R.
Victor Hugo Lapenta, C.Ss.R.

Coordenação editorial:
Ana Lúcia de Castro Leite

Revisão:
Luana Galvão

Diagramação:
José Antonio dos Santos Junior

Capa:
Núcleo de Criação do Santuário Nacional

Dados Internacionais de Catalogação na Publicação (CIP) de acordo com ISBD

B817e Brandes, Dom Orlando

Eucaristia: 20 meditações de esperança no pós pandemia / Dom Orlando Brandes. - Aparecida : Editora Santuário, 2021.
136 p. ; 15,3cm x 23cm

Inclui bibliografia, índice e anexo.
ISBN: 978-65-5527-117-1

1. Religião. 2. Cristianismo. 3. Eucaristia. 4. Meditação. 5. Pós Pandemia. I. Título.

2021-2705 CDD 240
CDU 24

Elaborado por Vagner Rodolfo da Silva - CRB-8/9410

Índice para catálogo sistemático:
1. Religião : Cristianismo 240
2. Religião : Cristianismo 24

1ª impressão

Rua Pe. Claro Monteiro, 342 – 12570-000 – Aparecida-SP
Tel.: 12 3104-2000 – Televendas: 0800 016 00 04
www.editorasantuario.com.br
vendas@editorasantuario.com.br

APRESENTAÇÃO

Padre Eduardo Catalfo, C.Ss.R.
Reitor do Santuário Nacional

Mais uma vez, nosso querido Dom Orlando Brandes, Arcebispo Metropolitano de Aparecida, nos presenteia com um livro de valor inestimável, que certamente vai enriquecer não apenas os devotos de Nossa Senhora Aparecida, mas também os fiéis que buscam aprofundar a experiência oracional que só o mistério eucarístico pode nos oferecer. Conforme nos ensina a teologia clássica, "*a Eucaristia é o sacramento dos sacramentos*"[1].

O próprio autor deixa claro, já na sua introdução, que este livro não se ocupa prioritariamente com as formulações acadêmicas do saber teológico sobre a Eucaristia. Seu objetivo é aproximar o leitor desse sacramento do amor a partir da "*meditação, contemplação, interiorização do mistério eucarístico*". Não podemos perder de vista que o tema central da teologia é o mistério de Deus, nem sempre acessível exclusivamente pelo raciocínio e pela lógica, mas sempre ao alcance de quem persevera na oração e na mística.

O conhecimento sistemático da Eucaristia também é importante, mas Dom Orlando assume aqui a perspectiva própria do mistagogo que, à semelhança dos teólogos do primeiro milênio, preocupa-se em celebrar e conhecer a eucaristia a partir da experiência do próprio mistério. A mistagogia eucarística do autor vai nos guiando e conduzindo para dentro do mistério

[1] Santo Tomás de Aquino, *Suma Teológica* III, q. 65, a. 1.

inefável. O mistagogo é aquele que guia a compreensão do mistério para os neófitos.

Talvez esta seja a principal característica do presente livro: oferecer uma mistagogia que nos insere no mistério de Deus com simplicidade, eficácia e leveza. O desejo de Dom Orlando não é outro senão estimular nosso "*encantamento e enlevo eucarístico, tão necessários em nossos dias*". A mística eucarística é ingrediente essencial para a Igreja do tempo presente.

A realidade eclesial neste período difícil de pandemia e pós-pandemia nos apresenta diversos desafios. Não há respostas prontas, nem caminhos planos. Nenhuma possível solução vai ser realmente eficaz se nos faltar a esperança. As 20 meditações apresentadas por Dom Orlando Brandes não têm a pretensão de esgotar a riqueza do tema. Elas funcionam como ponto de partida para que não nos faltem alegria, esperança e fé na pós-pandemia.

Também por isso a Eucaristia é apresentada aqui como um dom de Deus que deve fazer parte constitutiva de nosso cotidiano. "*Eucaristia. 20 meditações de esperança no pós-pandemia*" é um livro que nos leva a rezar. Aliás, a verdadeira teologia, mesmo quando é acadêmica e cientificamente bem elaborada, é aquela que nos coloca de joelhos, na contemplação do mistério de Deus e no acolhimento de sua Palavra. Afinal, *antes de falar de Deus*, grandes mestres espirituais recomendam: *ponha-se de joelhos e fale com Deus.*

Na esteira daquilo que ensina o Concílio Vaticano II, o Arcebispo de Aparecida sublinha a necessidade da participação ativa dos fiéis na Eucaristia[2]. Centro da liturgia e de toda a vida cristã, o mistério eucarístico merece ocupar um lugar de destaque na vida de oração e na vivência da fé do povo cristão[3].

Grande teólogo, bispo e doutor da Igreja, São Boaventura dizia que um dos principais objetivos do estudo teológico é

[2] Cf. Constituição Conciliar *Sacrosanctum Concilium*. Sobre a Sagrada Liturgia, n. 48.
[3] Cf. Ibidem, n. 10.

"*para que nos tornemos bons*"[4]. Dom Orlando segue a mistagogia desse mestre franciscano quando nos lembra que o objetivo do presente livro é nos tornar capazes e dispostos para "*que possamos amar mais a Eucaristia*". A dimensão eclesial desse Sacramento não pode ser negligenciada. Afinal, a Eucaristia faz a Igreja[5]. Ela é a fonte e o centro de toda a vida cristã[6].

Definida pelo autor como "*sinal dos tempos*", a Eucaristia é apresentada em várias dimensões: eclesial, magisterial, espiritual, sacramental e pastoral. A teologia eucarística de Dom Orlando não deixa para trás a preocupação com o dia a dia, a dignidade humana, o amor ao próximo, a unidade, o mundo da cultura, dos pobres, da ecologia, dos desafios, urgências e sombras do tempo presente e, finalmente, da necessidade emergencial de uma mística eucarística que nos ajude a ser Igreja no contexto da pós-pandemia.

Santo Afonso Maria de Ligório, fundador da Congregação do Santíssimo Redentor, ensina que as *Visitas a Jesus Sacramentado* representam a oportunidade de manifestar a Deus nossa amizade e amor, estreitando com o Senhor nosso relacionamento filial. Colocar-se diante do Santíssimo Sacramento e deixar o coração falar, explica o mentor dos Missionários Redentoristas, é um caminho seguro para quem quer tornar-se amigo de Jesus.

Para toda teologia, inclusive para a teologia eucarística, o principal texto de referência é sempre a Sagrada Escritura. Afinal, a Bíblia é a "*norma normans non normata*" (a norma que orienta as outras e que não é por elas orientada). Quando fazemos memória do relato da última ceia, é simplesmente impossível não pensar em Paulo, o apóstolo dos gentios e o teólogo da Tradição, que nos transmitiu fielmente aquilo que ele próprio recebeu[7].

---

[4] Cf. Breviloquium, Prologus, 5.

[5] Cf. Constituição Dogmática *Lumen Gentium*. Sobre a Igreja, n. 26.

[6] Cf. Ibidem, n. 11.

[7] Recebi do Senhor aquilo que transmito; transmito aquilo que recebi; mantenham a tradição recebida; guardem, mediante o Espírito Santo, o depósito que vos foi confiado; evitem aquilo que contraria a fé (cf. 1Cor 11,23 – 1Cor 15,3 – 2Ts 2,15 – 1Tm 6,20 – 2Tm 1,14).

Qual é a palavra, expressão ou ideia que melhor define a Eucaristia? Prefiro que você mesmo, querido leitor, descubra ao final deste livro que orgulhosamente apresentamos. O importante é ter presente que a melhor definição da Eucaristia nasce da certeza mais forte que o sacramento do amor nos sugere: o Corpo de Deus é alimento e remédio para o autêntico ser cristão. Ao repartir pão, vinho e amizade, Jesus nos presenteia com sua presença real nas alegrias e esperanças, nas tristezas e angústias da história humana, em todos os tempos, lugares e culturas.

INTRODUÇÃO

Este não é um livro de teologia eucarística, mas de meditação, contemplação, interiorização do mistério eucarístico. Seu objetivo é fomentar a mística eucarística em vista da "eucaristização" da vida. Não é um livro de pesquisa nem de ensino eucarístico, muito menos de consulta para trabalhos teológicos. Pelo contrário, é uma oferta simples e modesta, em vista do encantamento e enlevo eucarístico, tão necessários em nossos dias.

A Eucaristia é um sinal dos tempos no seio da Igreja, a partir das Encíclicas Papais, do Ano Eucarístico, dos Congressos Eucarísticos e do Sínodo sobre a Eucaristia (2005).

As fontes de inspiração deste livro foram o Jornal L'Osservatore Romano, o Missal Romano, as Encíclicas sobre a Eucaristia. O objetivo que temos, ao oferecer este livro a você leitor, é que possamos amar mais a Eucaristia, visto que é o Sacramento do amor, ou melhor, o Amor dos amores.

Dom Orlando Brandes
Arcebispo de Aparecida
Páscoa de 2021

1

Raízes da Eucaristia

1. O grão que morre

É da terra que vem o grão de trigo. Toda a criação é eucarística, enquanto é louvor: "Céus e terra, bendizei o Senhor, louvai-o e exaltai-o para sempre". O grão morre para ressuscitar na espiga. No grão, vemos os sinais da páscoa: morrer para dar mais vida, mais frutos. Os grãos, espalhados pelas colinas e planícies, são colhidos, triturados para se transformarem em farinha, massa e pão. Assim é o povo de Deus, congregado na Eucaristia, povo convocado a ser o corpo do Senhor. A Eucaristia reúne os filhos e as filhas dispersos, é semente da comunhão, da unidade, sacramento da paz e da concórdia, que cria comunhão e educa para a comunhão.

2. O fermento novo

A Eucaristia é pão sem fermento, trigo puro, pão ázimo. O fermento dos fariseus é a hipocrisia (Lc 12,1). O velho fermento (1Cor 5,7) é corrupção, impureza, mentira, malícia e perversidade. Celebremos com pães ázimos na pureza e verdade. Celebração não é simulação. Cristo nos purifica do fermento do pecado, e a Eucaristia é força para uma vida santa, é o fermento que faz a Igreja crescer em qualidade, em santidade.

3. Belém e a Eucaristia

Belém, casa do pão. O presépio é um verdadeiro sacrário, e nossos tabernáculos são a atualização da encarnação. A Eucaristia é pão do céu para a vida do mundo. Desde Belém, Jesus sinaliza para a Eucaristia e o pão de cada dia, para a fome, a partilha. "Cristo, adorado no altar, não pode ser desprezado nos seus membros, os pobres" (São João Crisóstomo). Jesus pede emprestada a sala para celebrar, como emprestado foi o lugar onde nasceu, o jumento em que montou, os pães e peixes que multiplicou, o barco onde viajou e o túmulo onde foi sepultado. Jesus nasceu pobre, viveu pobre, morreu e na Eucaristia vive pobre e despojado. A sublimidade e simplicidade de Belém está no sacramento do altar. É na cidade que campeia a fome. Belém, cidade do pão, impele-nos a uma pastoral urbana e ao mutirão de combate à fome.

4. A mesa e a Eucaristia

Jesus aprendeu fabricar mesas na carpintaria de José. Ajudou Maria preparar a mesa. Ele multiplicou os pães, fez refeições com os pecadores, preparou o peixe assado para os discípulos (Jo 21,11-12). O altar não é palco de show religioso, nem palanque político, mas, mesa do convívio e do sacrifício. É a ceia pascal, o banquete fraterno, para criar relações de aliança e superar as situações de ruptura. Na Eucaristia somos convivas do Senhor, tornando-nos concorpóreos e consanguíneos Dele. Pão na mesa, pão no estômago, partilha solidária e reconciliação fraterna, eis o que nos ensina a mesa eucarística. Foi em torno da mesa que Jesus lavou os pés dos discípulos. Quem comunga Cristo comunga os irmãos.

5. Celebrar e adorar para ter atitudes eucarísticas

Antes de celebrar a Eucaristia, Jesus teve atitudes eucarísticas, deu o testemunho de uma vida eucarística: vida de doação, de gratuidade, de serviço e acolhimento. Jesus é eucarístico nos seus gestos de bom samaritano, de amor pelos pobres, de acolhimento dos pecadores, de ternura com as crianças, de busca da ovelha perdida, de cura das doenças, de perdão dos inimigos, de misericórdia e paciência. Ensinou-nos a deixar a oferenda diante do altar, e primeiro ir ao encontro do irmão, ofertando a reconciliação (Mt 5,24). Celebramos a Eucaristia para que sejamos eucarísticos no cotidiano; e quem é eucarístico no dia a dia, celebra com mais profundidade a missa. É fácil rezar a missa, difícil é ser eucarístico.

6. Jesus e a preparação para a Eucaristia

Jesus manda preparar a celebração da ceia (Mc 14,12; Mt 26,17; Lc 22,8). Em João, a preparação consta da multiplicação dos pães e do lava-pés. Essa ordem do Senhor chama nossa atenção para a preparação da homilia, da celebração e dos encontros da equipe de celebração. Celebrar é tornar célebre. Preparar bem a celebração faz parte da espiritualidade eucarística. Antes do Concílio, o celebrante devia fazer orações preparatórias e, ao paramentar-se, rezava à medida que se revestia com as vestes litúrgicas. Hoje, nossas sacristias parecem um salão de festa, de recreio e de dispersão.

Para que a celebração seja consciente, ativa e frutuosa, deve ser bem preparada, não só quanto ao rito, mas também espiritual e moralmente. Não somos funcionários do sagrado. Nada de improvisação. O altar não é lugar para treino, nem ensaio. Precisamos pedir perdão por nossa negligência e nossa rotina e, por outro lado, procurar celebrar com humildade e simplicidade, recolhimento e devoção, sem pressa e pronunciar as palavras de maneira compreensível, bela e digna. Haja ministros para o som, bons microfones, usados corretamente. Eucaristia bem celebrada evangeliza, mal celebrada aborrece e afasta os fiéis.

7. Eucaristia e martírio

Quem preside a Eucaristia preside para dar a vida, faz o juramento do dom de si: corpo dado, sangue derramado. A Eucaristia é sacrifício, amor imolado, suprema entrega, abandono total de si. Se comungamos e continuamos egoístas, consumistas, com atitudes de quem é "pão-duro", nossa celebração está incompleta. A Eucaristia nos leva ao amor oblativo, ao esvaziamento de nós mesmos, ao martírio do cotidiano vivido com amor e alegria.

O fogão, a vassoura, o volante, o bisturi, o computador, o trator são altares em que o povo de Deus se santifica no cotidiano pela força do batismo, da Eucaristia, da crisma e do sacramento do matrimônio. A Eucaristia nos capacita a dar a vida, a ter uma vida entregue, doada, disponível, consagrada, santificada, ofertada. Pela celebração eucarística, "Torno-me o amor que morre, sou a vítima do sacrifício, sou o amor que morre pelos irmãos" (Dom Luciano). A Eucaristia é o amor sem limites, convite ao martírio, à efusão do sangue, à coragem da solidariedade.

8. A Eucaristia e a humildade de Deus

Deus é infinito, absoluto, perfeito e santo. Deus é amor. Por isso é humilde. Sua primeira humildade está no ato da criação do homem. Permite existir um outro que, em sua liberdade, pode contrariá-lo, ofendê-lo e dele discordar. Deus se contrai, autolimita-se para que suas criaturas possam existir. É humildade de Deus acolher, em seu mistério, o outro diferente e livre. Deus aceita limitar o seu poder. Aceita ser ofendido, não correspondido, não amado.

É humildade de Deus criar as coisas imperfeitas e aceitar a colaboração do homem como cocriador, administrador e aperfeiçoador de sua obra. Deus mesmo obedece às leis da criação, que são imperfeitas e incompletas, quase a depor contra Ele. Prefere se autolimitar, autocontrair, sofrer as limitações das criaturas para deixá-las existir e permitir que o homem as conduza e explore. Quanto sofrimento e humildade de Deus num terremoto, numa catástrofe natural, numa doença, cuja cura ele sabe qual é;

mas, em sua humildade, espera a descoberta desse remédio pela inteligência humana. Deus não faz o que o homem pode e deve fazer. Em sua humildade, confia e espera no homem. Humilha-se para que as criaturas existam e possam seguir sua evolução natural. Tão humilde e sofredor é Deus, que não vive interferindo nas criaturas, como que fazendo milagre a todo instante. Em sua humildade, adapta-se aos estágios da evolução e, em sua providência, conduz a vida, a natureza, a história sem tirar-lhes a liberdade, a autonomia, o livre-arbítrio.

Deus é humilde, tem paciência e misericórdia com o homem livre e pecador, não destruindo o mal, mas esperando a capacidade humana ouvir a consciência e mudar de vida. Deus não destrói nem castiga o pecador, mas permite provações, que serão benéficas no contexto. Deus é humilde ao escolher representantes seus, como é o caso de padres, bispos, religiosas, cheios de limitações e imperfeições. Ele não se envergonha de nossa fraqueza, ao lidar com pessoas defeituosas, limitadas, pecadoras. Deus é humilde, porque podia tudo resolver à força de milagres e com um sopro de sua boca, mas prefere adaptar-se às demoras das criaturas, respeitar as leis naturais e sofrer com os que sofrem, porque os ama. Deus pode tudo, mas não quer nos salvar contra nossa liberdade. O Onipotente, o Infinito aceita limitar seu poder. A virtude mais profunda da divindade é a humildade. Deus se abaixa, inclina-se, é servidor do homem. Em sua humildade, ele bate à nossa porta e espera a resposta. Não arromba nem invade. Deus é mendigo do homem.

A humildade de Deus nós vemos estampada em Jesus, frágil na manjedoura. Do mais alto céu, desceu ao lugar mais baixo, mais imundo. Da glória à estrebaria. Deus é humilde em Jesus pobre e peregrino, em Jesus no lava-pés e na cruz. Grande é o mistério da humildade de Deus. Porque é humilde, Deus é compassivo, misericordioso, benevolente, clemente, paciente. Na sua humildade reside sua majestade. Como Deus é humilde na Eucaristia, no pão, no tabernáculo, na comunhão!

2

Eucaristia, Mistério de amor

Na Eucaristia Jesus é pão e companhia, pelo dom de sua presença. O amante quer estar com o amado. O amor tende à união. Presença, serviço e união são provas de amor. Assim é a Eucaristia, o amor dos amores, porque é o amor extremado, exagerado, sem medidas, por isso é o sacramento supremo, o tesouro inestimável, a dádiva de Deus, o amor imenso e inefável, amor imolado, o maior bem da Igreja, a melhor catequese, mistério de fé, mistério de amor.

Mistério de misericórdia: a Eucaristia é o sacrifício da cruz perpassando os tempos e chegando até nós; somos assim contemporâneos de Jesus. Qualquer missa celebrada é pela salvação do mundo. O altar é o calvário. Jesus é a vítima imolada. A páscoa se realiza em cada missa. Eis o mistério da redenção bem perto de nós, mistério de amor redentor, mistério pascal contemporâneo a todos os séculos. O mundo volta ao Pai redimido por Cristo no sacrifício da cruz e da Eucaristia.

Mistério de luz: a Eucaristia é festa da ressurreição, remédio de imortalidade, raio de glória, antecipação das núpcias eternas do Cordeiro. Por ser mistério de luz, o partir-do-pão abre os olhos dos discípulos de Emaús, alimenta a luz da fé, inflama o coração com o fogo do amor, vence as trevas do pecado. Jesus é o sol da existência humana.

Ministério de amor: simplicidade e sublimidade, pobreza e nobreza, humildade e profundidade, familiaridade e abismo de santidade marcam a Eucaristia como mistério de amor. Isso enche a alma de assombro e admiração. O maior dos milagres Deus confiou a nós. O tesouro preciosíssimo está em mãos tão frágeis. Quanta majestade e quanta vulnerabilidade! Quanta intimidade e quanta profundidade! Não podemos aviltar tamanho tesouro. O mistério está sendo banalizado. O amor não é amado.

Por ser mistério de amor, a Eucaristia é o amor de Deus pela vida do mundo, é projeto de solidariedade para saciar todas as fomes. O mistério do amor leva ao mistério do irmão, ao compromisso com o pão, com a vida, com a paz. Enquanto houver fome, a Eucaristia estará incompleta. Da vida eucarística brota um novo sistema econômico fundamentado na partilha, na reconciliação, na solidariedade; eis a revolução do amor. Se faltar o amor social, o compromisso com os pobres, a celebração eucarística é inautêntica. Jesus, que está no pão, está no pobre.

Mistério de comunhão, de unidade e de reconciliação, a Eucaristia transforma os fiéis em novas criaturas. Quem comunga torna-se uma só coisa com Jesus, um só ser. Quem se une ao Senhor é com Ele um só espírito. Acontece a transfiguração do fiel, o qual passa a ser concorpóreo e consanguíneo de Jesus. Quem comunga o corpo sacramental do senhor é membro do seu corpo que é a Igreja, comunga a Igreja, tem a obrigação de viver a unidade, a concórdia, a comunhão eclesial, ser comunidade, ter consciência comunitária. A Eucaristia cria comunhão, educa para a comunidade, é sacramento de paz. O mistério é banalizado quando celebrado em ambiente de ruptura, divisão, ódio e sem a graça de Deus no coração. A comunhão nos faz pessoas de comunhão e aprofunda a espiritualidade de comunhão.

A Eucaristia é um **mistério do amor trinitário**. O Pai nos dá o pão, o Filho é a vítima do sacrifício, o Espírito Santo consagra o pão e o converte no corpo do Senhor. O pão de Deus é Jesus, pão da vida, e quem o recebe fica repleto do Espírito. Percebemos na Eucaristia o amor de aliança, o amor esponsal de doação e receptividade. Tudo é real e verdadeiro, mas escondido nas espécies do pão e do vinho. Eis o mistério da fé. O amor quer amor. A fé é resposta ao amor. Para quem não tem fé a Eucaristia é pedra de tropeço, apenas um rito religioso. Esse mistério não se compreende com cálculos, máquinas, raciocínios, mas com o coração, com a fé, com os joelhos.

Cheios de assombro, enlevo e fascínio, aproximemo-nos do amor, que se materializou no pão e transformou as moléculas da matéria no Corpo do Senhor Jesus, ressuscitado. A Eucaristia cria consciência do valor da ecologia. A humildade de Deus no pão abre-nos à amizade e ao reconhecimento do seu amor gratuito, inaudito, inesperado, surpreendente. Eis o mistério de uma amizade, de um companheirismo, de uma intimidade sem precedentes. É o amor dos amores, amor sem medidas, amor vulnerável, inefável, inestimável, indizível, portanto, mistério de amor. A Eucaristia é o sacramento da "onicontinência", contém todas as graças, é fonte e ápice da vida da Igreja. "Estou na Eucaristia porque te amo", eis o que Jesus nos revela no seu despojamento eucarístico.

As raízes do amor eucarístico vêm de longe. Apontamos aqui sete patamares do amor de Deus como preparação do Amor dos amores, que é a Eucaristia.

1. Deus nos ama pela **criação**. As criaturas são o abraço, o beijo, o sinal, a revelação do amor de Deus por nós. O amor faz existir. A criação é o jardim de Deus para a humanidade, é a casa que Deus preparou para seus filhos e suas filhas. As criaturas nos amam, elas são reflexo do amor, da sabedoria, da beleza e da providência divina. Cabe-nos encontrar Deus em todas as coisas. Deus cria as coisas pensando em nós. Tudo está bom para o Criador. Deus mesmo aprova e se alegra com suas criaturas. Deus é rico no amor e poderoso na misericórdia. Existimos porque somos amados. Ele nos acaricia com suas criaturas. Transborda em toda a terra o seu amor.

2. Deus nos ama pela **bênção**. A maior bênção é a aliança, a eleição, a salvação. Somos abençoados, salvos, perdoados, reconciliados por Deus e nos tornamos bênção para os outros. Cada vida é uma bênção. Existimos para abençoar, isto é, ajudar, salvar, socorrer. Abençoar é dizer o bem, fazer o bem, desejar o bem, ser bom, ser bento, ser bendito. O amor misericordioso de Deus é incansável, nunca desiste de nos amar e sempre insiste em nos perdoar. Sua misericórdia desce mais a um nível mais profundo que a miséria humana. Ele transforma a tragédia em glória. Eis a graça, a bênção: sermos amados apesar de sermos pecadores.

3. Deus nos ama pela **providência**. Quem ama cuida do amado. A providência divina tudo provê, conduz, ampara. É o amor de pai e pastor que abre as portas e destrói os muros. Deus é nosso parceiro e torcedor. Sua providência é como amor de mãe, cuja mão nos conduz e carrega nossos fardos. Deus vai escrevendo nossa história, e cada acontecimento é uma carta do seu amor por nós. Nossa vida não é um acaso, é uma teografia, uma carta de Deus. A história de nossa vida é uma história de amor, uma história da salvação, porque Deus a modelou desde o útero materno. Ele é nosso parceiro e companheiro de viagem, trabalha por nós e em nós, age em tudo o que fazemos com seu amor providencial. Assim, lançamos fora toda preocupação e não desanimamos por causa de nossas fraquezas.

4. Deus nos ama pelo **relacionamento**. Ele se revela a nós e fala conosco como a um amigo. A oração é um dos relacionamentos mais profundos entre nós e Deus. É um encontro de amizade e confidência. Todavia, a Palavra divina revelada é o amor confidencial, amigo e íntimo, que se doa a si mesmo na aliança, no relacionamento, no diálogo. A Bíblia é uma carta de amor, é uma troca de olhares, é um encontro de corações que se torna oração e ação transformadora.

5. Deus nos ama pela **exigência**. O amor é exigente. Quem ama guarda os mandamentos. O amor requer fidelidade. A lei faz parte do amor: seja feita vossa vontade porque ela quer o nosso bem. As leis justas defendem a vida e a liberdade. O amor supõe compromisso. "Os que amo eu corrigo", diz Deus.

6. Deus ama pela **verdade**. A sabedoria e a profecia são expressões do amor verdadeiro. Nossa verdade é o amor e precisamos tornar a verdade amável. Quem ama acolhe o outro com respeito sem adular os erros. Deus ama-nos com amor incondicional. Assim somos curados e educadores porque somos aceitos. Só os amados mudam. O amor é ternura e exigência, misericórdia e verdade. É preciso crer na verdade do amor.

7. Deus nos ama pela **confiança**. Deus crê em nós, confia-nos seu amor, confia-nos responsabilidades. Porque confia, escolhe e capacita seus escolhidos. Quanto mais confiança, maior é a gratuidade. Amar gratuitamente é a velha política de Deus. O amor gratuito, sem esperar retorno, vantagem, recompensa, é o amor-ágape, amor-doação. Um gesto de amor vale mais que toda a massa de matéria do universo. O amor basta. Deus nos ama primeiro. Nossa resposta é amar o próximo. É Deus quem nos achou dignos de confiança, cumulou-nos de dons e deu-nos tarefas, missão e responsabilidades. Ele nos confiou a Eucaristia.

3

Espiritualidade eucarística

Nosso amor eucarístico não pode ser uma devoção apenas sentimental, uma piedade de refúgio, uma adoração individualista, pietista e intimista. Comunhão não é um mero exercício de piedade. Por outro lado, o zelo exagerado pelas normas litúrgicas ajuda a celebrar de modo correto e doloroso, mas pode levar-nos ao formalismo frio, ao cumprimento de normas canônicas que fazem da celebração uma ação ritualista passiva, fria, aborrecedora. A Eucaristia é um dom demasiado grande que não deve ser desrespeitado com ambiguidades; daí a necessária fidelidade aos ritos.

Pior ainda é a falta de espiritualidade eucarística que torna a missa um aborrecimento pela superficialidade, banalidade e negligência dos celebrantes e fiéis. Por outro lado, a falta de espiritualidade está promovendo um exagero de criatividades e até de arbitrariedades que desrespeitam o mistério. Estamos vivendo um tempo de "urgência eucarística". Sombras e luzes se manifestam em nossas celebrações eucarísticas. Jesus desejou ardentemente comer a Páscoa. Com ardor no coração os discípulos de Emaús ouviam a palavra e o partir do pão os encheu de luz e entusiasmo missionário. Eucaristia é ardor para o coração, luz para os olhos, força de missão.

Por que nossas missas muitas vezes são rotineiras, aborrecedoras, artificiais, vazias? Outras vezes transformam-se em espetáculo, em shows, em celebração de nossos egos exaltados? Pressa, impaciência, negligências na celebração escondem o mistério e banalizam o sacramento supremo. Espiritualidade e conhecimento litúrgico conduzirão os fiéis ao encontro com o mistério, a beleza e o arrebatamento eucarístico.

Celebração não é treino, improviso, ensaio. Altar é mesa do sacrifício e do banquete, nunca palco para show nem palanque político, muito menos tribunal de acusações, repreensões e interesses financeiros. Não é permitido a ninguém aviltar o mistério.

Espiritualidade eucarística é dedicar tempo e zelo à preparação das celebrações, participar da comunhão em estado de graça, buscar o sacramento da penitência, observar os ritos como ajuda para perceber presença do mistério. Rezar a missa com simplicidade e humildade, de maneira compreensível, bela e digna, sem pressa, com recolhimento e devoção faz parte da espiritualidade eucarística.

Sem espiritualidade, caímos na improvisação, exibição, falação, que aborrecem e afastam os fiéis. Nossas celebrações são para a salvação, não para a condenação. Não podemos estar na Igreja só com o corpo, mas também com o coração.

A espiritualidade eucarística não se refere só à celebração, mas principalmente à forma eucarística de se viver. Tem tudo a ver com a comunhão fraterna e eclesial, com os pobres e a fome, com a missão evangelizadora. A Eucaristia é um projeto de vida, um sistema de convivência, uma cultura de solidariedade, um jeito de viver. Transforma situações de ruptura em relacionamentos de aliança, é o lava-pés cotidiano. Celebrar a missa é fácil, ter atitudes eucarísticas é difícil, como, por exemplo, o serviço, a doação de si, o martírio, a convivência fraterna, a espiritualidade de comunhão.

A espiritualidade eucarística é espiritualidade de partilha e de comunhão. Fome e divisão são escândalos e atitudes antieucarísticas. Por ser ação de graças, a Eucaristia educa para uma existência agradecida e atitude de gratuidade. Por ser corpo dado e sangue derramado, dá coragem para a doação de si e martírio. "Eucaristizar" nossos pensamentos, sentimentos, projetos, "eucaristizar" a convivência humana no respeito e sensibilidade pelos outros e, enfim, "eucaristizar" o mundo pela partilha e reconciliação, concórdia e confraternização, eis os amplos horizontes da espiritualidade eucarística.

Por fim, a visita ao Sacrário é uma continuidade da missa, é uma questão de amizade e de fé. Quem quer muitas graças faça muitas visitas ao Santíssimo Sacramento ensinava Dom Bosco. Os amigos se frequentam, confidenciam, encontram-se, gastam tempo juntos. Quem se prostrar de joelhos, na frente do Sacrário, haverá de ajoelhar-se para o lava-pés e para estar aos pés das vítimas e fazer-lhes companhia. Adoração não é alienação, mas questão de amizade. Grandes homens e mulheres moveram o mundo, assumiram o martírio, optaram pelos pobres a partir do Sacrário e da adoração.

Podemos ser melhores do que somos, graças à Eucaristia, que é o sacramento de nossa santificação. Ser melhores do que somos é sermos santos, buscar a perfeição.

Pensamentos sobre a espiritualidade eucarística

1. A Eucaristia nos enche de assombro. É o sacramento mais suave para a devoção, o mais belo para a inteligência, o mais santo pelo que encerra.

2. A Eucaristia é o maior dos milagres, mistério inefável da fé, tesouro que a Igreja recebe de seu Esposo como penhor de amor imenso.

3. A Eucaristia é o sacrifício do nosso preço, força para dominar as paixões e prevenir faltas graves; alimenta as virtudes, consola os aflitos, fortifica os fracos, educa os costumes, ensina a humildade e simplicidade.

4. A Eucaristia é vida da alma, saúde do espírito, vigor da vida, força da concórdia, coração e centro da liturgia.

5. A Eucaristia promove o amor social, dilata os espaços da caridade, faz abraçar o mundo, antepõe o bem comum ao bem particular, é vínculo de caridade.

6. Na Eucaristia cada um de nós é amado ao extremo, com um amor-entrega, amor ao exagero, amor sem medidas, amor imolado.

7. A Eucaristia nos faz sensíveis aos sofrimentos e às misérias, injustiças e arbitrariedades, faz-nos misericordiosos porque é uma escola de amor fraterno, é o sacramento do amor, é um bem peculiar da Igreja.

8. A Eucaristia é alma de toda a vida cristã, alimento da atividade pastoral e da vitalidade apostólica. A intimidade com Cristo leva à comunhão com o irmão.

9. Na Eucaristia vemos o rosto de Cristo resplandecente de simplicidade e humildade. Eis o maior bem da Igreja, a melhor catequese, a escola permanente de caridade, justiça e paz, a saciedade das fomes do mundo inteiro.

10. A Eucaristia é uma profunda pedagogia, um evento missionário, força para a missão, coragem para a solidariedade, convite ao martírio, vitória sobre o mal, progresso constante no amor, transformação de situações de ruptura em relações de aliança.

11. A Eucaristia é tesouro espiritual da Igreja, plena manifestação do amor, vida da Igreja, mistério de luz, fonte inesgotável de santidade, mistério de misericórdia e do amor sem limites, remédio de imortalidade, um pedaço do céu na terra, um raio de glória.

12. Na Eucaristia se dá a transformação da existência pessoal e comunitária e o empenho pela transformação do mundo, é o

sacramento supremo da paz e da unidade, é um tesouro demasiado grande e precioso. Isso gera um grande enlevo. Sua celebração não permite reduções nem instrumentalizações.

13. A Eucaristia é estímulo na peregrinação e na dedicação diária ao trabalho, à família, aos irmãos. Sendo a celebração do lava-pés, não pode ser celebrada num contexto de discórdia e de indiferença pelos pobres. Tal celebração seria indigna.

14. A adoração e visita ao Santíssimo Sacramento deve ser estimulada. É bom demorar-se com o Senhor, dedicar tempo ao Amigo, inclinar-se sobre seu peito, deixar-se tocar pelo amor infinito do seu coração. Adoração é atitude de amor. É a primeira das devoções, a mais agradável a Deus e a mais útil para nós.

15. Na Eucaristia Jesus nos recebe e nos assume consigo. É Ele que nos assimila. Somos uma só coisa com Ele, um só espírito (1Cor 6,17). A todos os que comungam Jesus diz: sois ossos de meus ossos, carne de minha carne (Gn 2,23). A carne do irmão não é nossa, é do Senhor. O outro é seu tabernáculo. A Eucaristia é um sacramento social.

16. Jesus poderia transformar pedras em pão, preferiu transformar o pão em seu corpo e Pedro em pedra. A Eucaristia prenuncia muitas transformações: a morte em ressurreição; o pão e o vinho no corpo e sangue do Senhor; a criação em novo céu e nova terra e, enfim, nossa transformação pessoal.

17. A Eucaristia dominical é a epifania da Trindade, escola de comunhão, lugar privilegiado de unidade, grande ação de graças em que a Igreja se faz voz da humanidade inteira para agradecer; é o coração do domingo.

18. Na Eucaristia encontramos Jesus vivo, amigo, confidente, pois os amigos se frequentam, dedicam tempo um ao outro. O sacrário é um polo de atração e de irradiação pastoral. O Senhor ali está em ação, pois a Eucaristia é um sacramento dinâmico.

19. A Eucaristia é um mistério de presença em que Jesus nos espera e nos procura. Ele está presente, mas nós, muitas vezes, estamos distantes. A presença de Jesus não se limita ao corpo eucarístico, mas abrange o corpo eclesial.

20. Se quereis receber poucas graças, fazei poucas visitas a Jesus sacramentado, se, ao contrário, quereis muitas graças, fazei muitas visitas.

21. Sem Eucaristia sofremos fome e solidão. Quanto mais eucarísticos formos melhores seremos, mais humanos e mais cristificados. Nada mais suave, nem mais eficaz que a Eucaristia para nos conduzir à santidade.

22. Aquele que o céu não pode conter é nosso inquilino, nosso vizinho, nosso prisioneiro no sacrário, embora a mais bela catedral seja o coração humano.

23. A procissão de Corpus Christi recorda o êxodo, a saída para a terra prometida, a marcha da liberdade, a peregrinação em direção ao próximo, a caminhada para a missão, a viagem definitiva para a Casa do Pai. A Igreja é o "caminho" (At 9,2). A Eucaristia nos faz Igreja pé na estrada, Igreja que vai ao povo. Jesus é o companheiro de nossas estradas.

4

Textos sobre espiritualidade eucarística

1. São João Crisóstomo

"Cristo adorado no altar não pode ser desprezado nos seus membros, os pobres. Não podemos no altar honrar Cristo com vestes de seda e lá fora abandoná-lo no frio e nudez. Que adianta na mesa do Senhor haver cálices de ouro se lá fora Ele morre de fome na pessoa dos pobres? Primeiro dá a quem tem fome, depois enfeita o altar" (Oração do Tempo Presente, 21ª Semana do Tempo Comum – sábado).

2. São Francisco de Assis

"Rogo-vos, pois, a vós todos, meus irmãos, beijando-vos os pés, e com toda a caridade de que sou capaz, que manifesteis toda reverência e toda honra que puderdes ao santíssimo corpo e ao santíssimo sangue de Nosso Senhor Jesus Cristo, no qual foram pacificadas todas as coisas, assim as da terra como as do céu, e reconciliadas com o Deus onipotente (Cl 1,20).

Peço ainda no Senhor a todos os meus irmãos sacerdotes, os que são, vierem a ser ou desejarem ser sacerdotes do Altíssimo que, ao celebrarem a missa, ofereçam o verdadeiro sacrifício do santíssimo corpo e sangue de Nosso Senhor Jesus Cristo, pessoalmente puros, com disposição sincera, com reverência e com santa e pura intenção, jamais levados por qualquer interesse terreno nem por temor ou consideração de qualquer pessoa 'como quem procura agradar aos homens' (Cl 3,22). Seja antes todos vosso querer, na medida em que vos ajudar a graça do onipotente, ordenado para Deus, desejando assim agradar unicamente a Ele, o supremo Senhor, porque só Ele opera ali como for do seu agrado. Pois, como Ele mesmo diz: 'Fazei isto em memória de mim' (Lc 22,19), quem proceder de outra maneira torna-se outro Judas traidor e faz-se réu do corpo e sangue do Senhor (1Cor 11,27)" (Carta a toda a Ordem, Escritos de São Francisco, p. 93).

3. Padre Vieira

"A Eucaristia é Corpo de Deus porque espiritual; Corpo de Deus porque amor imenso; Corpo de Deus porque eterno; Corpo de Deus porque infinito; Corpo de Deus porque invisível; Corpo de Deus porque imortal; Corpo de Deus porque impassível. Todas estas maravilhas foram ordenadas por Cristo para nosso remédio e proveito" (Padre Vieira).

4. São Tomás de Aquino

"Eis que me aproximo do sacramento do altar. Impuro venho à fonte de misericórdia; cego à luz da eterna claridade; pobre e indigente, ao Senhor do céu e da terra. Que a Eucaristia cure minha fraqueza, lave minhas manchas, ilumine minha cegueira, enriqueça minha pobreza, revista minha nudez. Que eu receba o pão dos Anjos com respeito e humildade, contrição e devoção, pureza e fé, propósito e intenção que convém à minha salvação" (Oração do Missal Romano).

5. Papa João Paulo II

"A celebração da Eucaristia não pode deixar de ser para o sacerdote o momento mais importante do dia, o centro de sua vida. Celebrar a Eucaristia é a função mais sublime e sagrada de cada presbítero. Não podemos esquecer nenhum instante que a Eucaristia é um bem peculiar da Igreja. Ela é o dom maior que o Esposo oferece à sua Esposa. É preciso não desperdiçar este tesouro que é demasiado grande. A Igreja deve estar vigilante para defendê-lo porque se trata de um tesouro inestimável" (Exortação Apostólica Mistério e Culto da Eucaristia, n. 2).

6. Cardeal Van Thuan

"Passei 13 anos de prisão em Saigon. Todos os dias, com três gotas de vinho e uma gota de água na palma da mão, celebrava a minha missa. Fabricava saquinhos com o papel dos maços de cigarros dos presos para conservar o Santíssimo Sacramento. Jesus eucarístico estava sempre comigo no bolso da camisa. À noite os prisioneiros se revezavam nos turnos de adoração. Jesus eucarístico ajuda de modo tremendo com a sua presença silenciosa. Todas as vezes que oferecia a missa, deixava-me pregar na cruz com Jesus e, ao dar a comunhão, entregava-me ao Senhor para fazer de mim alimento para todos. Já celebrei com patena e cálices dourados, agora, porém, recolho o sangue divino na palma de minha mão. Visitei Jesus nos tabernáculos, agora o levo dia e noite comigo no bolso. A força do amor de Jesus é irreversível. Enfim, Jesus é o meu primeiro exemplo de radicalismo no amor ao Pai e às almas". (Cinco pães e dois peixes, p. 18).

7. Irmã Maria Zauli

"A Eucaristia é o compêndio e o coroamento de todas as maravilhas de Deus, a última perfeição da criação e da redenção, o mais perfeito de todos os dons, é o triunfo de Jesus sobre todos os corações. É Jesus quem nos comunga, absorve-nos, assimila-nos, associa-nos a Ele, somos com Ele uma só coisa, concorpóreos e consanguíneos seus. A Eucaristia é o sol e o centro, coração e alma da Igreja, embora seja mistério de fé, de silêncio, de sombra. O despojamento de Jesus eucarístico é luz para nosso despojamento pessoal, nosso esvaziamento e total atitude de abandono e entrega, para nosso amor desinteressado" (Ir. Maria C. Zauli, Adorazione, 1990, p. 32).

8. Padre Dehon

"Três grandes rios de amor: a Encarnação, a Paixão e a Eucaristia partem do oceano que é Cristo e a ele retornam depois de terem irrigado o mundo. A Eucaristia cria em nós o espírito de vítima por amor, que nos faz ablativos. A adoração cotidiana e reparadora apressa a vinda do reino do Coração de Jesus nas almas e nas nações. A missa é o sol que ilumina todas as ações do nosso dia. Nosso Senhor quer uma amizade ardente e absoluta. Precisamos ser como São João, amigos consoladores de Jesus Hóstia. A vida do sacerdote do Coração de Jesus deve ser a continuação de sua missa e sua morte será como uma missa suprema pela qual completará a ação de adorar, de dar graças, de orar, de criar misericórdia em união com Jesus, que se imola na cruz. Os sacerdotes devem intervir na problemática social, por dever de justiça e de caridade, devem acompanhar os leigos na ação social, do contrário não poderão, sem pecado, continuar oferecer a Eucaristia" (G. Manzoni, Leon Dehon, 1984, p. 162).

9. Santo Afonso

Diálogos de perdão. Senhor, fala Santo Afonso a Jesus Sacramentado, estou aqui, pobre e enfermo, pedindo compaixão. Prostro-me arrependido e confuso por causa dos meus pecados. Mas és amabilidade infinita, misericórdia incansável, paciência imensurável. Não quero desanimar à vista de minha miséria. Compadece-te de mim bom amigo e Senhor meu.

Não quero satisfazer meus desejos, nem desanimar diante da minha miséria, mas sempre contentar tua vontade. Quero deixar tudo o que não é do teu agrado, custe o que custar. Fui rebelde e traidor do teu amor, mas não desiste de mim, conservaste minha vida para que eu me convertesse. Eu Te dou meu coração frio, ferido, fraco para que o transformes. Não quero mais ser ingrato, infiel, iníquo. Quero reparar e expiar minha falta de amor.

Oh amado e bom pastor! Não te canses de procurar a ovelha perdida e ferida. Os pecados abriram chagas em minha alma, mas, em teu Tabernáculo, encontro remédio que cura todo apego, todo afeto desordenado, todo capricho. Ofereço-te meu miserável coração e com este coração quero te amar. Sei que no Sacrário és advogado que obtém do Pai todas as misericórdias.

Diálogos de afeto e gratidão. Assim se expressa Santo Afonso diante de Jesus Sacramentado: Jesus podes vir ao meu coração e trancar as portas para sempre, para que eu não Te abandone. Torna-me servo abrasado de amor. Tua delícia é estar conosco dia e noite. Amo-te com todos os meus afetos. Morreste por mim, que eu nunca Te perca. Prende-me com as chaves e laços do Teu amor. Amo-te porque queres ser amado por mim. Sinto não amar-Te como mereces. Não é justo amar com frieza a um Deus que ama com tanta ternura. Atraí-me com os encantos do Teu amor.

Apodera-te do meu coração. Que eu não ame, não busque, não espere senão a Ti e não pense senão em ti. Quero corresponder a tantas finezas e invenções do Teu amor. Meu coração derrete-se, extasia-se, arrebata-se diante de tanto amor. Sinto-me um vermezinho, sei que me amas como sou. Feliz de mim se souber perder tudo para Te possuir.

Jesus, estou maravilhado e fascinado por tua bondade, singeleza e escondimento no Sacramento do altar. Tu me dás todo contentamento e todos os bens. É insensato e infeliz quem procura contentar seu coração com as atrações do mundo e da carne. Jesus, quero amar tua amável vontade. Dá-me fervor e perseverança no teu amor. És minha esperança, consolação, força e salvação.

És o único objeto dos meus pensamentos, desejos e afetos. Porque te amo, dou-Te meu coração, minha vontade, meu corpo, minha alma. Sei e creio que estás no Sacramento pensando continuamente em mim e na minha felicidade. Quero consagrar-Te o tempo que me resta nesta vida. Amo-Te mais que a mim mesmo, mais que a minha vida. Mostra ao mundo este prodígio: um coração tão ingrato como o meu converteu-se num dos corações mais fervorosos do teu amor. Quero consumir-me inteiramente por Ti, amantíssimo amigo. Aceito, desde já, a morte que Te aprouver enviar-me. Suspiro por estar sempre em Tua presença.

Teu Sacrário é um Coração Aberto, refúgio para me receber. Um Coração Dilacerado para que eu sinta dor dos meus pecados. Um Coração Inflamado para que eu me deixe consumir de amor. Um Coração Amoroso, que atrai todos os corações. Um Coração Ferido, para curar todas as feridas. Jesus, une meu coração ao Coração do Pai, ao Coração dos Serafins, ao Coração de Maria, ao Coração dos Santos para amar o Teu Coração, o teu Sacrário.

Diálogos de Súplicas: Santo Afonso no diálogo com Jesus sacramentado faz muitos pedidos. Vejamos algumas súplicas do nosso santo.

Jesus, inflama-me, abrasa-me, apodera-te de mim, apossa-te de mim. Amo-te com todas as forças da minha alma. Quero ser todo teu, faze de mim o que quiseres. Tira-me de mim mesmo, liberta-me do meu ego. Sofro por não Te amar como mereces. Dá-me a graça de Te amar apaixonadamente. Repito, por favor, apodera-te de mim.

Enche-me de confiança, coragem, desassombro para aproximar-me de Ti e permanecer contigo, divino Esposo da minha alma. Almas do céu e da terra, anjos e santos, Maria e José ajudai-me, transfigurai-me e que eu transborde de amor por Jesus Eucarístico.

Tua vontade, meu Senhor, é santa, perfeita, boa, bela, amável. Que ela seja a minha vontade. Reina em mim, toma posse de mim, apodera-te de mim, oh meu Jesus, triunfa em mim, abrasa-me de amor para que eu pense, deseje, suspire e procure somente a Ti.

Separa-me e desapega-me de tudo, liga-me somente a Ti, prende-me com laços de amor, concede-me a graça dos mártires, quero morrer por Ti, ofereço-te a minha morte. Quero estar contigo pelos séculos dos séculos.

5

Sombras que eclipsam a Eucaristia

1. O Senhor está presente, mas muitos de nós estamos distantes.
2. Ele desejou ardentemente celebrar a páscoa, nós celebramos de modo rotineiro, formalístico ou espalhafatoso.
3. Comungamos o pão partido, mas continuamos ser pessoas do tipo "pão-duro", quando deveríamos ser padeiros.
4. Eucaristia é lava-pés, mas nós, após a comunhão, chutamos, espezinhamos, pisoteamos os irmãos.
5. Missa é encontro com Jesus e os irmãos, mas nós insistimos em não lhes perdoar e até os excluir.
6. Eucaristia é sacrifício e entrega de si, mas nós buscamos gratificações e facilidades.
7. Rezamos muitas missas, mas as mudanças reais são poucas.
8. Celebramos com vestes de seda e cálices de ouro, mas os irmãos passam fome e estão nus.
9. Jesus mandou preparar a celebração, mas nós a improvisamos.
10. O altar simboliza Cristo, mas nós o transformamos em palco e palanque.
11. A missa é fonte de santidade, mas nós comungamos sem a confissão dos pecados.
12. É fácil rezar missa, difícil é viver o que celebramos.
13. Há celebrantes que fazem da missa um espetáculo para si mesmos. Celebram seu próprio eu e não a glória do Senhor.

14. Simplicidade e dignidade marcam a celebração eucarística, mas nós caímos ou no ritualismo frio ou na criatividade exagerada.
15. A Eucaristia deve ser celebrada com fé e devoção, os cantos não podem ser um show musical, mas manifestação da fé.
16. Celebração sem fé e sem a graça é simulação.
17. O celebrante não é um funcionário eclesiástico, mas age na pessoa de Jesus.
18. O presidente não é árbitro nem dono da celebração, preside para dar a vida.
19. Pressa, impaciência e negligência na celebração desvalorizam o mistério e aviltam a celebração.
20. A missa é celebração da alegria da ressurreição, por que nossas missas são, às vezes, aborrecedoras e até vazias?
21. A paróquia que não organiza o atendimento aos pobres celebra indignamente a Eucaristia.
22. Num ambiente de discórdia, divisão e ódio, a celebração é falsa e leva à condenação.
23. Depois da celebração, vem a missão. A Eucaristia é um sacramento dinâmico, não pode transformar-se em sacramentalização.
24. Quem se ajoelha e adora o Santíssimo Sacramento coloque-se também aos pés das vítimas e dos sofredores.
25. Espiritualidade eucarística não é sentimentalismo, nem intimismo, mas coragem de dar a vida e fazer a oferta de si.
26. Celebração não é falação, mas evangelização. A missa é uma catequese.
27. As cerimônias devem levar à maturidade cristã e a cumprir as tarefas na comunidade humana. Hoje nosso povo desconhece a teologia da missa e vai à Igreja por obrigação.
28. Onde há fome, miséria e pobreza, a missa ainda não está bem celebrada, está incompleta.
29. Nossas crianças abandonam a Igreja depois da Primeira Eucaristia, pois, em vez de encantamento, sofrem de aborrecimento.

30. Antes da Primeira Comunhão, nossas crianças devem aprender a ter comunhão com os pais, com os pobres, com os outros, com a natureza e consigo mesmas.
31. Após a comunhão, não podemos ser ingratos, pães-duros, nem agentes de discórdia e divisão.
32. O pecado foi relativizado, a Eucaristia está negligenciada e a fé obscurecida.
33. Temos muitas missas e poucas atitudes evangélicas; chegamos a ser desumanos.
34. O domingo virou dia do sono, dia do esporte e dia do shopping.
35. A Eucaristia é prova de amor, mas muitos de nós vamos à missa por necessidade, para cumprirmos a lei ou quando temos vontade.
36. A missa é fonte e inspiração para o chamado vocacional. Por que temos tanta falta de padres?
37. A liturgia é expressão da fé, do amor e da beleza de Deus. Nossas sacristias, vestes litúrgicas, trajes na celebração, mau gosto na construção de Igrejas, abandono da confissão, abuso nos cantos litúrgicos não colaboram com o esplendor da Eucaristia, mistério de luz.
38. Cada celebração eucarística deve fazer crescer o espírito comunitário e o ardor missionário. Temos católicos praticantes, mas não atuantes nem participantes da missão da Igreja.
39. O martírio é a expressão mais profunda do sacrifício da cruz, mas nós preferimos a sociedade do bem-estar e do comodismo.
40. Católicos e ortodoxos celebram a Eucaristia, mas dão o escândalo da divisão.
41. Como a Eucaristia pode ser fonte e ápice da vida e da missão da Igreja, se há falta de padres, se os fiéis permanecem privados do sacramento do altar anos inteiros?
42. A celebração da Palavra não tem o mesmo valor e significado da missa.

43. Rezamos tantas missas e colhemos poucos frutos. Doenças, violência, pobreza, divisões indicam que nossas missas ainda não "eucaristizaram" o mundo. Há muitas missas, mas infelizmente muitas delas mal rezadas. O mistério da luz tem hoje sombras que devem ser superadas.

6

Urgência eucarística

A Igreja tem se voltado para Eucaristia como que indicando para nós, hoje, um sinal dos tempos. Verdadeiramente nosso tempo carrega consigo uma "urgência eucarística", mas por quê?

1. Está havendo muitos abusos nas celebrações. Comungamos sem recorrermos antes à confissão dos pecados. Há celebrantes exagerados, exaltados e outros muito rígidos. Estamos perdendo o respeito pelo mistério.

2. Nosso povo desconhece a liturgia. Cumprimos ritos sem saber o porquê. Boa parte do povo vai à missa por obrigação, por necessidade ou conforme a vontade pessoal. É urgente uma catequese, um ensino, um aprofundamento sobre a missa e a liturgia, uma reeducação eucarística.

3. A fé decaiu. Sem pregação, sem evangelização, sem teologia, sem espiritualidade, as Igrejas se esvaziam, as seitas crescem, os sacerdotes escasseiam. Urgência eucarística significa urgência de reeducação da fé, de missão e anúncio. Isso tudo supõe e requer a leitura orante da Bíblia.

4. Estamos perdendo o encantamento, o fascínio e a admiração pela Eucaristia e pela missa. Nossos tempos modernos e nossa cultura tornam urgente a iniciação cristã que é o

entusiasmo, a vibração, o maravilhamento por Jesus e pelo reino. Mais amor pela Igreja, maior enlevo eucarístico, educação para o mistério são elementos que suscitarão desejo e anseio pela Eucaristia e pela missa.

5. A arte de celebrar está decaindo. A celebração depende muito da preparação, da equipe de celebração, dos cantos, da beleza do templo e, principalmente, do presidente da celebração. Missa não é improviso, nem espetáculo, teatro ou palanque político. Urgência eucarística significa urgência de espiritualidade, de mística, de interioridade. A missa deve tocar e encher o coração. "Minha missa é minha vida e minha vida é minha missa" (Hurtado).

6. A Eucaristia é um sacramento de comunhão. A comunhão eucarística é para fortalecer, aumentar, confirmar a unidade, a concórdia e a comunhão eclesial. A Eucaristia deve apressar o ecumenismo. Somos cheios de mágoas, invejas, ressentimentos, divisões e discórdias. São escândalos que afastam o povo. A cultura moderna é muito sensível ao acolhimento, respeito, à compreensão. Impaciências, maus-tratos, humilhações afastam o povo e enchem as Igrejas de outras religiões. O povo pede remédio, consolação, resposta aos seus sofrimentos, às suas dúvidas e aos seus problemas. Comunhão com Deus, comunhão com a Igreja e comunhão com os irmãos são pressupostos da verdadeira Eucaristia.

7. A Eucaristia é para saciar as fomes. O mundo sofre com as injustiças, violências, misérias e todo tipo de fome; clama por paz e promoção humana. São urgências da sociedade atual. A Eucaristia é resposta a essas chagas sociais, a essas urgências. É um escândalo amar e celebrar a Eucaristia sem envolvimento com a fome, a miséria, a pobreza. Além da fome de pão, a Eucaristia sacia a fome de amor, de transcendência e

de ética, a fome do bem. É preciso, em nome do pão do céu, comprometer-se com um mundo mais justo e fraterno, mais humano e mais evangelizado, criando uma nova cultura.

8. Há sombras que eclipsam a Eucaristia. Estamos perdendo o valor da missa como sacrifício, faltam padres, desrespeitam-se as normas e disciplinas litúrgicas. Além disso, há abusos morais e falta de espiritualidade nas celebrações, como também arbitrariedades em relação ao rito da missa. Há lugares onde decaiu a adoração, e a visão individualista, emocional, intimista da missa empobreceu o lado social, profético, missionário da Eucaristia.

9. A Eucaristia é fonte e ápice da vida da Igreja. Para isso acontecer, é preciso ter mais padres, maior conhecimento e participação do povo na missa, aumento de consciência eucarística, celebrações bem preparadas e frutos comunitários, pastorais, missionários e sociais da celebração eucarística. A percentagem do povo que participa da missa é baixa, e muitas celebrações são prejudicadas pela falta de espiritualidade. Tudo isso dificulta a eficácia da Eucaristia na vida. Cabe-nos dar respostas a essas e outras realidades que explicam a urgência eucarística dos tempos atuais.

7

Enlevo eucarístico

Jesus na Eucaristia se faz presente com simplicidade e sublimidade, singeleza e nobreza. Com o tempo, vamos perdendo o sentido do mistério, e a celebração eucarística pode tornar-se rotineira, desleixada e até irreverente.

Precisamos recuperar o enlevo eucarístico, pois se trata de um dom inesperado, gratuito, inaudito. É o amor extremado e exagerado de Deus. É o amor dos amores. Também na Eucaristia fazemos a experiência do tremendo e fascinante. Por se tratar do mistério da fé, faz-se necessário recuperar o enlevo eucarístico pelo aumento da fé, pela catequese, pelos conhecimentos litúrgicos e pela adoração.

Jesus desejava celebrar ardentemente a páscoa com seus discípulos. Bem sabia o Senhor que esse mistério é uma teofania, uma manifestação gloriosa do Ressuscitado, um mistério de luz, um pedaço do céu. Celebramos na missa a vitória do Ressuscitado. Na Eucaristia Jesus está vivo, sua presença é dinâmica, transformadora, irradiante, arrebatadora. Uma missa não pode ser aborrecedora.

A celebração eucarística é impregnada da beleza de Cristo Jesus. Daí a necessidade de uma cuidadosa preparação das liturgias e uma atenção maior com o silêncio, a ação de graças e vivência eucarística. A missa não se torna atraente nem pelo ritualismo legalista, nem pela extravagância de novidades e criatividades. Precisamos sim de interioridade, de conhecimentos litúrgicos, de bom senso. Tudo isso faz parte da "arte de celebrar". Necessitamos de uma forte catequese eucarística e litúrgica.

A arte de celebrar requer fé e interioridade, mas leva em consideração o som dos microfones, a harmonia do canto, a beleza do espaço sagrado, a comunicação do presidente da celebração e da equipe de celebração. Com quanto penhor e ardor devem ser preparadas as homilias! Tudo colabora para o enlevo eucarístico.

Quanto mais enlevo e encantamento pela Eucaristia, tanto mais aumentarão o desejo e a fome eucarística. Este tesouro é demasiado grande e precioso. Deve ser celebrado com decoro e reverência. A missa é o ato mais importante da semana e do dia. Não podemos perder o fascínio pela missa e pelo Domingo.

Certamente, o enlevo eucarístico aumentará se nossa vida for uma missa continuada, se adquirirmos uma "forma eucarística" de viver. A Eucaristia vai criando em nós um "jeito eucarístico" de viver, uma "cultura eucarística", que se expressa na defesa da vida, no amor pelos pobres, nas atitudes de gratuidade, na partilha e solidariedade, na doação de si. "A minha missa é minha vida e minha vida é minha missa" (Hurtado). Ser eucarístico é praticar o lava-pés no cotidiano e oferecer nossos corpos como sacrifício vivo, santo e agradável a Deus (Rm 12,1). O martírio é o mais alto grau de vivência eucarística. Nos martírios do cotidiano, somos a Eucaristia no altar do mundo.

Vamos à missa por causa de Jesus e não do padre, mas cabe ao celebrante não eclipsar Jesus e transformar a celebração num espetáculo para si mesmo ou em gratificação afetiva e financeira. Cabe aos fiéis celebrar e participar com fé, devoção, interioridade e assim usufruir das graças e luzes que o sacramento da Eucaristia contém em si mesmo. A fé e a mística protegem e conservam o enlevo eucarístico, mesmo quando a celebração deixa a desejar. É tão fácil as coisas ótimas tornarem-se péssimas! Nossas celebrações correm esse risco. A Eucaristia é mistério de luz, não pode ser envolvida nas sombras dos nossos pecados e desleixos.

Toda celebração é para que Jesus seja mais célebre, honrado, glorificado e os irmãos respeitados.

Jesus é o Salvador do mundo e passou fazendo o bem. Ele atrai todos a si. Ele é reposta aos nossos anseios, é o sentido, a chave e a direção da história, é luz dos povos. Ele é rei do universo. Tudo Nele foi criado. Jesus é a medida, o modelo, o perfil do verdadeiro humanismo. Sem Jesus a vida é incompleta e nela falta a realidade fundamental. Jesus revela o homem ao próprio homem. Ele é "o homem".

Confessem as línguas e proclamem os lábios que Jesus é rei e dobrem-se os joelhos perante Ele. Não há nada mais belo que a amizade com Jesus e ser por Ele conquistado. Quem escancara as portas do coração a Cristo encontra a vida e a alegria. Ele nos deixa livres para o bem, eleva nossa dignidade e torna nossa existência bela e grande. Cristo não tira nada, exceto a corrupção.

Nosso rei Jesus merece ser conhecido interiormente, amado ardentemente, seguido generosamente, anunciado corajosamente. Desejar o que Jesus deseja e querer o que Jesus quer é aceitá-lo como rei, ou seja, depender dele nos gestos, nos comportamentos, nas palavras, nos desejos, nos projetos. "Tende em vós os sentimentos de Cristo Jesus" (Fl 2,5). Proclamar Jesus rei é confessar que Ele é a maior fascinação da humanidade. Em Jesus somos novo ser, nova criatura. "Ele é o nosso eu verdadeiro". Ninguém mais humano que Jesus.

Rei da eterna verdade e do verdadeiro amor, Jesus é nossa estrada que conduz à vida. Ele é o companheiro fiel, cuja misericórdia nunca encruza os braços e nos fixa com amor. Jesus, doce como um coração, ardente como uma paixão, íntimo como um amigo, é o Senhor de todos. Fechar o coração a Ele equivale a andar nas trevas. Jesus não é apenas um irmão, Jesus é Deus.

O verdadeiro desenvolvimento do mundo depende de nossa fé em Jesus. Nele está a plenitude de todo ser criado, Ele é a medida de todas as coisas, o ápice da evolução e da perfeição, a convergência de todos os seres. Ele é a expressão mais alta da beleza, da bondade, da verdade.

Jesus é irradiante e atraente. Seu reino não terá fim. Reino do direito e da justiça. Reino onde os últimos são os primeiros, os pobres são príncipes, os pecadores são salvos. O reino é o paraíso onde há pão, fraternidade e mística, onde as pessoas têm relação filial com Deus, relacionamento fraterno com os outros, autoestima e desapego das coisas, portanto qualidade de relacionamento e qualidade de vida. No reino de Deus, encontramos o sentido da vida, a certeza da transcendência, o valor da sobrevivência. O outro é o centro e caminho para o grande Outro. No reino de Deus, o bem e o amor não se apagam. Jesus com seu jeito de ser e de viver é o próprio reino.

No mundo só existe uma pessoa positivamente bela: Jesus. Não podemos perder o maravilhamento por Ele e seu reino. Só um fascínio maior nos leva a deixar os fascínios do mundo. Jesus é mais que um astro, Jesus é a luz dos povos. Ele é rei do universo, Senhor da história, que transforma os critérios de julgar, as linhas de pensamento, os modelos de vida, as fontes inspiradoras, os centros de interesse. Culturas, filosofias, artes, religiões contêm sementes crísticas que apontam para Cristo. Tudo que existe é crístico com a finalidade de tornar-se cristão, para chegar à Cristoesfera, ou seja, ao ápice da evolução que é cristificação de todas as coisas pelo Espírito, quando Cristo submeter todas as coisas a Deus (1Cor 15,28). Todas as coisas são recapituladas, restauradas e reunidas em Cristo Jesus. Para ele convergem toda a história humana e toda a civilização. Ele é o centro da humanidade, a alegria de todos os corações e a plenitude de todos os desejos. Ele é o começo e o fim, ele é o rei das nações. Ele está no meio de nós pela Eucaristia como amigo e companheiro, pão e consolação, vítima de amor.

8

Eucaristia, um sacramento dinâmico

A Eucaristia é um sacramento dinâmico. Transforma os cristãos, sustenta a vida de fé, ilumina a vida, dá força e consolação nas dificuldades, purifica as consciências, educa para a comunhão, perdoa e repara pecados. Quem não é tomado de alegria pelo dom deste sacramento? Ainda mais, quantas lições de humildade, paciência, hospitalidade, gratuidade aprendemos na escola de Jesus sacramentado.

Homens e mulheres de Deus graças à Eucaristia moveram o mundo, promoveram as mais audaciosas iniciativas sociais, imbuíram-se de inspirações e de coragem para glorificar a Deus, servir os irmãos, transformar o mundo. Oh que mistério de luz, tesouro inestimável, remédio restaurador, epifania de comunhão, enfim o maior dos milagres, o amor dos amores é a Eucaristia.

No sacramento do altar, está o maior bem da Igreja, a melhor catequese, a força para o martírio, a pedagogia da vida espiritual, a fonte de santidade, o impulso da promoção humana, o vigor da missão, educação para a unidade, o apogeu de todos os bens, o sacramento supremo. O Senhor diz a cada um de nós na Eucaristia: "Estou aqui porque te amo e porque te amo entrego-me a ti".

Percebemos assim que a Eucaristia nos capacita para a vivência cristã. O cordeiro, o pastor e o mártir tem algo em comum: dar a vida. Cada missa celebrada é uma promessa, um juramento de dar a vida, uma oferta da vida. Vida eucarística, forma eucarística de viver significa vida entregue, vida doada, vida sacrificada, vida ofertada, vida consagrada. Comungamos o amor que morre pelo irmão. Não se pode duvidar do dinamismo eucarístico, de sua força avassaladora.

Por ser pão da ceia para a vida do mundo, emanam da Eucaristia uma força, uma coragem, um desassombro transformador. A força da profecia está vinculada à Eucaristia, que leva a servir Jesus nos pobres. O partir do pão abre os olhos para a comunhão de bens, para uma nova ordem econômica. Enquanto força de transformação, a Eucaristia transforma o pão em Corpo de Cristo, o fiel em discípulo, a Igreja em comunhão dos santos, a sociedade em solidariedade. A Eucaristia é a ressurreição ao nosso alcance. Tocamos o Ressuscitado, por ele somos transformados e o pão do céu traz mais vida para o mundo.

A Eucaristia é também força de consolação, pois o Senhor é nosso companheiro, perito em nossos caminhos, amparo em nossos cansaços, confidente de nosso coração e nos enche de tenacidade na prática do bem. Eucaristia tem a ver com amizade, esponsalidade, aliança, intimidade, afetividade. É o sacramento da consolação.

Mais que tudo, a Eucaristia é força de comunhão. Educa para o perdão, cria relacionamentos de aliança, possibilita o lava-pés, faz-nos viver em comunidade e ser instrumentos de paz. Comunhão com o Senhor, com a Igreja, com o próximo, a Eucaristia é o sacramento da unidade, epifania da comunhão, significada na ceia, no banquete, na mesa.

O objetivo da Eucaristia é a unidade, a comunhão, a fraternidade, a paz, a convivência. Em situações de discórdia, ódio, divisão, a Eucaristia não pode ser celebrada, pois seria a celebração da condenação, da exclusão, da excomunhão. Quem está diante do altar, primeiro comunga o irmão por meio do perdão, do abraço da paz, antes da comunhão eucarística. A primeira comunhão é sempre com os irmãos.

Sendo um sacramento dinâmico, nossas celebrações eucarísticas não podem ser enfadonhas, vazias, rotineiras, intimistas. Comungar é um perigo, cantamos em nossas liturgias. Nem ritualismo formalístico nem criatividades exageradas dinamizarão nossas missas, mas uma espiritualidade eucarística que nos livra da banalização, superficialidade e redução do sacramento do máximo amor. Pela comunhão recebemos o Ressuscitado e somos movidos a dinamizar a vida, a Igreja e o mundo.

A Eucaristia reforça em nossa vida a vivência dos valores inegociáveis que passamos a elencar.

1. **A gratuidade.** É preciso gritar a gratidão que se expressa no altruísmo, no voluntariado, na generosidade. Nossos relacionamentos comerciais, interesseiros, formais carecem de humanismo, de transparência, de confidência. Em nossos dias, diminui a gratuidade e aumentam as gratificações. Por isso tudo aquilo que é de graça, gratuito tem um sabor especial. A gratuidade é um valor inegociável.

2. **A ética.** É vencer o mal com o bem, ter compromisso com a verdade para a superação de toda espécie de corrupção. Por ética entendemos a defesa dos direitos humanos, a prática da justiça, a retidão de vida, a liberdade com responsabilidade. Sem ética sucumbiríamos no caos, na anarquia e na tirania. Ética na política, na religião, na economia etc. é um valor perene.

3. **O perdão.** É a melhor resposta ao mal, às injúrias e humilhações, mágoas e aos ressentimentos. O perdão é limite colocado ao mal, melhor ainda, é a vitória sobre o mal. O perdão brota da compreensão, da tolerância e da nobreza. Quem perdoa livra-se de graves doenças, goza de paz interior e colabora com a reconcilia-

ção social. Para determinados males o único remédio é o perdão. O papa Bento XVI afirmou que o "perdão é a vingança de Deus".

4. **A dignidade humana.** Mesmo quando erra, a pessoa não perde sua dignidade. Há uma bondade original em cada pessoa. O homem e a mulher são reis da criação. A condição racional e espiritual confere à pessoa humana a dignidade de imagem de Deus, de parentesco com o divino, de filiação divina, de superioridade diante das demais criaturas. Espiritualidade, consciência, liberdade, racionalidade são fundamentos da dignidade, valor também irrenunciável.

5. **A liberdade.** É a faculdade de fazer opção, decidir, escolher, comprometer-se. Liberdade é autodeterminação, é ser sujeito consciente do agir. Não é fazer o que eu quero, mas o que eu devo. É o livre-arbítrio que orienta as decisões e ações. Por isso mesmo, a liberdade está vinculada à verdade, ao bem e ao amor. Livres do mal, dispomo-nos a crescer no bem.

6. **A justiça.** É o valor que regula e organiza a convivência, possibilita o bem comum, promove a paz, privilegia a alteridade, constrói a sociedade fraterna e solidária. A justiça é inegociável. É uma virtude cardeal, ou seja, básica para a vida da pessoa, a organização da comunidade e a sobrevivência da sociedade.

7. **A esperança.** É a fé no futuro, o amor no presente, a positividade diante do passado. A esperança se fundamenta na confiança. Quem confia sabe recomeçar, empreender, crescer, fluir. Esperança é a coragem de viver o agora e ter horizontes e visão do amanhã. Toda esperança é criativa, inovadora, motivadora, vital, exuberante. Confiança, criatividade e coragem são a essência da esperança. Esperança é crer na mudança para o melhor, desposar o agora com garra e projetar o futuro glorioso.

9

Eucaristia, epifania da comunhão

1. A Eucaristia é ceia, banquete, esponsal, convívio, aliança, assembleia, comunhão. É o sacramento da unidade. É comunhão com Deus. "Quem se une ao Senhor se torna com ele uma só coisa, um só espírito" (1Cor 6,17). Quando comungamos, Jesus nos assimila, e nós somos carne de sua carne, osso de seus ossos. Por ser comunhão com Deus, precisamos do sacramento do batismo, do sacramento da ordem e do sacramento da reconciliação para celebrarmos dignamente e validamente o sacrifício da missa. Somos concorpóreos e consanguíneos de Jesus. A Eucaristia realiza os esponsais do Cordeiro, é união com o Esposo num espírito de família. É preciso estar na Igreja não só com o corpo, mas com o coração na unidade da graça e da fé. Jesus interliga todos os que comungam, ou seja, os cristãos se unem uns aos outros quando comungam.

2. A Eucaristia cria a comunidade e educa para a comunhão. É força geradora de unidade que supõe a comunhão com o Papa, os bispos, os sacerdotes e a sintonia dos fiéis. É a comunhão com a Igreja, corpo de Cristo. Comungamos o corpo sacramental para ser o corpo eclesial. A missa dominical é a grande festa da comunhão. A Eucaristia faz a Igreja, congrega a comunidade. O efeito principal da Eucaristia é a comunhão a unidade da comunidade eclesial. União com a cabeça do Corpo, que é Jesus, e união com o Corpo de Cristo, a Igreja.

3. Por ser sacramento da unidade, a celebração eucarística não pode ser pietista, intimista, devocional, mas criar a consciência de comunhão. É superação do individualismo, da acomodação e do egoísmo. O pão estava antes disperso pelos montes nos grãos de trigo, mas, ao ser reunido, torna-se um só. A Eucaristia reúne a Igreja dos confins da terra.

4. Comungamos o Corpo de Cristo para ser o Corpo Místico da Igreja, ter os pensamentos e os sentimentos de Jesus para amar seu corpo, a Igreja. A Eucaristia leva à consciência comunitária. Fazer a Primeira Comunhão é entrar na grande comunhão, ter espiritualidade de comunhão.

5. A Eucaristia, mistério de comunhão, é símbolo de concórdia, de reconciliação, da paz. É manancial de unidade. Ela é indignamente celebrada onde há ruptura, ódio, divisão, domínio. Pela comunhão eucarística, fazemos nossa a causa da Igreja, da diocese, da paróquia, da comunidade. Formamos comunidades de base, grupos pequenos, grupos de reflexão que são células vivas do corpo eclesial. Na comunhão eucarística, entramos em comunhão com as grandes iniciativas de comunhão da humanidade.

6. A liturgia eucarística celebra atos de comunhão muito significativos, como: o acolhimento, o ato penitencial, o abraço da paz, que é a celebração da comunhão fraterna. Antes da comunhão com o Senhor, celebramos a comunhão com os irmãos (Mt 5,23-24). A coleta é para ser repartida com os pobres. O lava-pés e a multiplicação dos pães enfocam a comunhão, a fraternidade como condição da verdadeira celebração. Onde há pobreza e discórdia ali está a antieucaristia. Por outro lado, sendo força de comunhão, a Eucaristia transforma relações de ruptura em relações de aliança. Quem provoca divisão recebe a condenação.

7. A Eucaristia está vinculada ao pão, à fome, aos pobres (1Cor 11,17ss). O pão do céu sacia as fomes de pão, de verdade, de amor e de Deus. Enquanto houver fome no mundo, nossa celebração eucarística será incompleta. Jesus se identifica com os famintos. Celebrar a ceia do Senhor e esquecer os que com ele se identificam é uma contradição. A Eucaristia é um sacramento social que impele à comunhão de bens, a uma nova economia, à distribuição da renda. O Papa João Paulo II define a Eucaristia como "projeto de solidariedade". Da comunhão eucarística chegamos à comunhão social, à globalização da solidariedade.

8. A Eucaristia, sacramento da comunhão, só pode ser celebrada num clima de unidade, ou seja, a Eucaristia não é meio para a realização do ecumenismo, ela é a culminância da unidade dos cristãos. Ela é a meta final do ecumenismo; sua celebração pressupõe a unidade.

9. A espiritualidade de comunhão é a vivência da comunhão eucarística no cotidiano, a vida fraterna na unidade, no perdão, no dom de si, na compreensão e compaixão, na estima mútua, que supera o fechamento, a solidão, o individualismo.

Da Eucaristia brota a espiritualidade de comunhão e a espiritualidade do diálogo.

Quando escolas, empresas, grupos são homenageados e premiados, estão, por trás de tudo, a união, a concórdia, o coleguismo, o espírito comunitário. "A união faz a força." Mais ainda, a união traz sucesso, felicidade, realização. Que é um jardim senão a comunhão, o conjunto harmonioso de flores diferentes? Que é uma orquestra senão a harmonia de instrumentos e sons diferentes? Que é o corpo humano senão uma conexão e interligação de órgãos, tecidos e membros? Quando Jesus quis explicar a espiritualidade de comunhão, disse: "Jerusalém, Jerusalém, como a galinha recolhe os seus pintainhos debaixo das asas, eu quis reunir os teus filhos, mas não quiseste" (Lc 13,34).

Por outro lado, a divisão leva ao fracasso e à falência de famílias inteiras, comunidades e empresas, grupos e associações. Nada mais diabólico e destruidor que a desunião, a discórdia, a divisão. A pessoa humana é em si mesma um "nó de comunicação" pelo fato de sermos "filhos de Deus, irmãos dos outros, amigos de nós mesmos, senhores das coisas". Comunhão é o primeiro passo do amor. Um dos últimos pedidos de Jesus para seus discípulos foi a unidade (Jo 17,21). A vida é "uma massa solidária" dizem os estudiosos. Quem não se encanta com a comunhão dos três reinos, mineral, vegetal e animal? Quem não aspira à globalização da solidariedade? A ordem é deixar a competição e abraçar a cooperação. A terra é nossa casa comum, somos irmãos; caminhemos então "rumo à civilização da re-ligação", à espiritualidade de comunhão, ao espírito de fineza, à vivência comunitária.

A lógica de todo o universo é a organização, a harmonia, a evolução. A vida na terra acontece graças à inclusão dos contrários, à complementariedade, à interdependência. Um precisa do outro, vive com o outro, através do outro, com o outro. Quanto mais alguém é excêntrico, voltado para o outro, mais centrado se encontra. No outro encontramos a nós mesmos e a Deus. Eis a maravilha do êxtase, do estar fora de si, esvaziado de si e voltado para o outro. Não é em vão que no voluntariado se encontra a felicidade, a autorrealização e a iluminação.

A espiritualidade de comunhão consiste em saber que nós e Deus somos siameses, que possuímos em nosso corpo os mesmos elementos, as energias que existem nas estrelas e nos demais seres do cosmos e que sem os outros não somos nada. Somos seres celestiais e cósmicos, por isso mesmo seres de comunhão, reciprocidade, complementariedade. Há um parentesco inegável entre nós. Solidão e massificação constituem anomalias, como também o individualismo e o coletivismo. Nosso chão natural é a comunidade, a comunhão, a democracia.

João Paulo II pede que, no novo milênio, possamos programar a comunhão, fazer da Igreja "casa e escola de comunhão"; os pobres, em nossas comunidades, sintam-se como em casa. Nossa comunhão se expressa na compaixão pelos que passam fome. Por isso a necessidade de assumirmos a proposta da CNBB, o "Mutirão de Combate à Fome e à Miséria". Nossa vocação é sermos anjos uns dos outros, ou seja, promotores da vida e da comunhão. O homem não pode ser satã da Terra. Na comunhão, inter-existimos e coexistimos. Nosso viver é um conviver. Na comunhão está a vida.

A espiritualidade de comunhão tem entraves. Vejamos alguns.

A intolerância. A pessoa coloca-se no centro, é dona da verdade, não sabe ceder, não escuta o ponto de vista do outro, não compreende, não respeita o outro. Intolerância é autossuficiência, é entrave ao diálogo. Nada melhor para o diálogo do que a humildade unida ao desejo de melhorar, crescer e aprender com os erros.

A surdez. A pessoa escuta, mas não ouve. Escuta, mas não reflete, não aprofunda. Surdez é atitude de distância, de coração petrificado, magoado, ferido. Surdez é fechamento. Escutar é abrir as portas do coração. Quem dialoga deve estar disposto a ouvir a verdade, que liberta. A atitude de acolhimento e escuta facilita o sucesso do diálogo.

A paralisia. Não me abro, não saio de mim; não procuro entender o outro, coloco-me em posição superior, não vou na direção do outro, fico paralisado na minha verdade, não me rendo. A paralisia vem do orgulho. É preciso a rendição de nós mesmos, descer da posição de superioridade, admitir nossas sombras, nosso barro. Não culpar, não acusar, não fugir da hora da graça.

O monólogo. Falo o tempo todo, não me interesso pelo outro, tomo atitudes rígidas, não aceito mudanças, imponho minhas ideias, não admito críticas. Não basta querer dialogar, é preciso saber as regras do verdadeiro diálogo. Monólogo é dominação, poder, superioridade. Diálogo é ponte, encontro, comunicação. É uma estrada de mão dupla: ouvir e falar.

A posse. Sou dono da verdade, inflexível, dogmático. Quero convencer e dobrar o outro. Prefiro acusar e me defender. O relacionamento aqui não é de pessoas aliadas, mas de senhor-escravo, de cima para baixo. A atitude é de dominação e não de aliança. Para o sucesso do diálogo, requer-se a vontade de mudar.

O oportunismo. Faço do diálogo apenas uma fala tática, uma estratégia falsa, uma aparência democrática. Depois, decido como quero. Falta a transparência e a coerência. É mais diplomacia e camuflagem, que troca de experiências e de vivências. Tal atitude mata a confiança e desmotiva a continuidade da conversa. A sinceridade e a transparência são condições indispensáveis para o diálogo.

A pressa. Falta de tempo, impaciência, o despreparo, a falta de organograma para o diálogo levam ao fracasso. A pressa é sinal de fuga, de desinteresse, de medo. Sabemos que dialogar é uma experiência de alto valor, mas muito frágil. Requer preparação, tempo, oração e uma boa avaliação.

A neutralidade. Não decido. Fico em cima do muro. Não assumo compromissos. Mostro desinteresse. No fundo, quero deixar as coisas como estão. Não quero ser criticado e não quero assumir responsabilidades, não me disponho a mudar, por isso a neutralidade. O resultado de tudo isso é o descrédito no diálogo. Quem não decide mudar faz do diálogo uma estratégia de autodefesa.

A blasfêmia. São os ultrajes, palavrões, a falta de respeito, grosseria, malcriação, gozação, as humilhações. Tudo isso é tão grave que se chama de blasfêmia. Isso tudo fere tanto que as pessoas perdem a esperança no poder do diálogo. Dizer a verdade sempre, com caridade e com jeito para não machucar, não ferir o outro, é questão de bom senso.

As estreitezas. É o tradicionalismo, rigorismo, legalismo, a intransigência, teimosia que, às vezes, chega-se ao fanatismo. A estreiteza é fruto da educação moralizante que fortalece o conservadorismo. O diálogo é o encontro com nossas diferenças e nossos objetivos comuns. Quem abandona o diálogo corre o risco de fracassar na vida familiar. A qualidade do relacionamento, ou seja, do diálogo, tem o poder de fazer de nossa casa um lar, lugar de encontro, aconchego, escola de vida, santuário de fé, laboratório do amor.

A Eucaristia e a espiritualidade de comunhão se expressam de modo especial no diálogo. Eis alguns pontos da espiritualidade do diálogo.

Todo diálogo é um **"ato de confiança"** no outro. O desconfiado se fecha, sente-se ameaçado, tem medo de ser traído, incompreendido, explorado. Confiança é fé no outro e assim se abrem as portas da confidência, da intimidade, da comunicação, da amizade. É a confiança que nos leva até à verdade e facilita a troca de sentimentos, de convicções, de problemas e de sucessos. Sem confiança não há diálogo verdadeiro.

O diálogo requer a **"comunicação de sentimentos"**. Falar ideias é fácil, falar o que sentimos é mais exigente, porque o sentimento não engana. Quando falamos os sentimentos, não entramos em discussão do porquê os sentimentos são respeitados. Sempre acolhemos a quem se abre e confidencia seus sentimentos, e isso nos fraterniza, pois percebemos que somos iguais. O que é bloqueado se torna energia destrutiva, o que é falado, é curado.

A beleza do diálogo requer a **"fala das emoções"**, é dar nome às emoções. Isso cria intimidade. As emoções não faladas não são resolvidas, e o que "a gente não resolve a vida devolve". Emoções trancadas geram futuras doenças e acabam por bagatelizar o diálogo. Emoções não faladas provocam murmuração, briga, lágrimas, raiva. Quem represa emoção reforça a agressão. O que negamos nos faz cair. Emoções reprimidas não morrem, explodem em outros momentos inoportunos.

A lei de ouro do diálogo é **"não invadir"**. Quando digo: eu sei o que você está pensando; eu vou lhe mostrar como você está errado; ou quando acuso, critico, aconselho, dou ordens, estou invadindo. Outro jeito de invadir é colocar expectativas altas demais e descabidas na conversa. Quanto maior a expectativa, maior a frustração. "Querer que o outro adivinhe o que eu quero" é uma expectativa irreal. Ninguém é obrigado a responder às expectativas dos outros.

No diálogo sempre se diz a **"verdade com caridade"**. A verdade dita de forma agressiva, sem caridade, destrói. As verdades ditas com jeito, com educação, com carinho comovem. A verdade sem caridade é assassina. O jeito de dizer a verdade é um grande segredo do sucesso do diálogo.

Dialogar é **"dizer o amor"**. As pessoas precisam saber que são amadas. Onde há amor o diálogo não fere, pelo contrário, cura, liberta, constrói. Diálogo é para criar pontes e destruir muros; é uma escola de vida! Deus, ao se revelar à humanidade, por meio de Moisés, "falava com ele como um amigo". Jesus, o Filho de Deus, é a Palavra, o Verbo, o Diálogo personificado, feito carne. Onde está o diálogo, ali está Deus.

10

Eucaristia e dignidade humana

Receber a Eucaristia é uma grande honra, um grande apreço, um inestimável dom de Deus, que nos eleva. Felizes nós, os convidados, que nos sentimos honrados e dignificados pela graça da Eucaristia. Comungar é um dom imerecido que confere ao povo cristão uma dignidade incomparável. Somos transformados naquele que recebemos, somos contemporâneos, concorpóreos e consanguíneos de Cristo, consortes da natureza divina. Com Ele somos um só ser, uma só coisa, um só espírito. A Eucaristia é nossa elevação e promoção da dignidade humana.

Na ceia eucarística, Cristo recebe a cada um de nós, intensifica sua amizade conosco. É ele que nos assimila. A todos os que comungam o Senhor diz: sois ossos de meus ossos, carne de minha carne. O Senhor nos torna dignos para estar na sua presença e sentar à sua mesa. Somos seus convivas, seus comensais. O Senhor não só está conosco, como prometeu, mas dentro de nós. O lava-pés é a explicação do sentido da Eucaristia. Dignificados pelo Senhor, iremos respeitá-lo nos irmãos, especialmente nos pobres, e reconhecer sua dignidade. É indigna a Ceia do Senhor onde há indiferença pelos pobres. A Eucaristia nos torna defensores e profetas da dignidade humana.

No sacramento do altar, Cristo se confia a si próprio a cada um de nós. Nossa resposta é amor e gratidão. Somos sacrários, tabernáculos, ostensórios do Senhor. Em cada comunhão, estamos ressuscitando. Jesus comunga nossa vida, nosso cotidiano e enche-nos de incomparável dignidade. Ele quer ser nosso contemporâneo e companheiro de peregrinação. A nossa vida passa a ser nossa missa. O ato de comungar é um ato de reconhecimento da dignidade humana, mais ainda, um ato de promoção humana. Quanto assombro, admiração, gratidão e arrebatamento emergem da Eucaristia! Nossa vulnerabilidade é transformada em bênção. O Senhor nos tira do lixo e nos faz sentar entre os príncipes, sentar à sua mesa.

A Eucaristia é assim impulso de promoção humana, de respeito pela comum dignidade de todos os seres humanos, de globalização da solidariedade e de esforço de inculturação. Quanta humildade de Deus e quanta elevação humana em forma de amizade temos no mistério da Eucaristia! O Corpo do Senhor dado e seu sangue derramado são para o bem, a salvação, a libertação de todos.

A Eucaristia é o tesouro que a Igreja recebe de seu Esposo como penhor de imenso amor. Há um amor esponsal na Eucaristia em que nossa união com o Senhor faz de nós um só espírito com Ele. A ceia traz em si o valor da intimidade, da amizade, da confidência. A dignidade humana recebe da Eucaristia uma magnificação inaudita enquanto somos comensais e convivas da mesa do Senhor, familiares do Senhor.

A dignidade humana tem seu fundamento no amor criador de Deus, que nos fez à sua imagem e semelhança, porém nossa mais alta condecoração é a filiação divina pelo batismo. Com a ressurreição de Jesus, a carne humana foi dignificada ainda mais pela ressurreição da carne, pela vocação à vida plena na eternidade. Todavia, na Eucaristia, essa dignidade é ressaltada pelo dom imerecido e inaudito da comunhão do Corpo e Sangue de Jesus vivo e glorioso. Pela fé, a vida na glória já é antecipada, principalmente na Eucaristia. Que, então, o corpo humano não seja humilhado, prostituído, discriminado, torturado. Não passe fome, nudez, exploração. Fomos comprados, resgatados pelo sangue de Jesus. Eis o nosso preço. "Reconhece, ó cristão, a tua dignidade" (Leão Magno).

A pessoa humana é a única criatura que Deus quis por si mesma. Na Eucaristia Jesus se faz devoto da pessoa humana, e nossa carne se tornou a chave e o chão da salvação. Deus é encontrado em nossa carne. Somos a irradiação da glória do Senhor. Cada pessoa tem direito à boa fama, à honra, ao respeito pela sua dignidade, direito à privacidade. Somos ostensórios da glória do Senhor, refletimos como num espelho essa glória de Jesus (2Cor 3,18), somos seu perfume (2Cor 2,15). A tudo isso chamamos de divinização do homem. Em cada Eucaristia, vamos nos cristificando e divinizando sempre mais até chegarmos ao face a face onde seremos coroados na glória eterna, no fim que não terá fim. O amor jamais acabará.

Aprendemos na Eucaristia a ética da compaixão, que consiste em respeitar a dignidade humana.

Compaixão não é um sentimento de pena, dó, afeição emocional. É um estado mental da consciência e compreensão de que os outros têm direito de serem felizes. Pela compaixão, sentimos satisfação pelo bem-estar dos outros e passamos a viver o altruísmo. O outro é o centro. É a compaixão que nos leva à generosidade e à capacidade de empatia e de consideração pelo bem-estar dos outros com o propósito de não prejudicar, não agredir.

É a compaixão que nos faz agir com gentileza e afeto humanos. Da compaixão brota o espírito de reconciliação, que é o respeito pelos direitos e pelas opiniões alheias. Compaixão é um sentimento e uma atitude que encerra compreensão e ternura. Compreendemos as pessoas que erram, porque elas também são feridas desde longa data; são pessoas machucadas, condicionadas pelo seu passado. Erram sem opção, agem emocionalmente, sentem-se impotentes diante de tantos condicionamentos. A compaixão é capaz de compreender as circunstâncias do agir alheio errado e não se deixar condicionar só pela ofensa recebida. A compaixão leva em conta a fraqueza do agressor, a causalidade de sua situação, a fraqueza inerente a cada pessoa humana. Compaixão é compreensão.

A ética da compaixão não se rege pela aparência das pessoas. Não olha o rosto, mas o coração; não olha a ofensa, mas as raízes e causas que levam as pessoas a ofenderem seu semelhante. Por isso a compaixão nos faz próximos dos outros, atentos a seus interesses, prontos a lhes perdoar e os tolerar, sempre levando em consideração seu bem-estar e sua felicidade. A compaixão nos dá um coração de mãe, atitude de empatia e respeito pelo próximo, como também sabe ter paciência e tolerância.

Para alcançarmos a compaixão, precisamos de muita espiritualidade e forte disciplina interior; muita coragem. Esse é o endereço da felicidade e o caminho da paz interior. Um dos primeiros sinais da compaixão é a pacência, a serenidade diante das adversidades e humilhações. Quanto menos alguém se preocupa consigo mesmo, sofre menos e tem mais paz interior. A compaixão supõe a humildade, que é a consciência do nosso húmus, nosso barro e, ao mesmo tempo, a satisfação pelo bem dos outros, a alegria pelo sucesso alheio, até de nossos inimigos. Humildade é o esvaziamento de si; não é autodesvalorização, mas aceitação do lado fraco, das sombras e feridas.

É a compaixão que nos confere felicidade, paz interior, realização pessoal e sentido da vida. Quanto mais compaixão, menos sofrimento e mais vida. Enfim, a compaixão é a suprema emoção, é a bem-aventurança, a bênção, que faz a vida bela e digna de ser vivida. Por força da compaixão, nossa opção pelos pobres é duradoura, intrépida e prazerosa.

11

A forma eucarística de viver

A Eucaristia nos leva a uma **"forma eucarística de vida"**, uma atitude eucarística, um jeito eucarístico de viver. É fácil ir à missa, difícil é ser eucarístico, deixar a Eucaristia transformar nossa vida. Recebemos o Corpo do Senhor, para construir a unidade do Corpo, que é a comunidade. A comunhão nos remete à comunidade, ao trabalho comunitário, ao esforço pela vivência comunitária, à comunhão eclesial. Somos eucarísticos quando comungamos com a Igreja, quando temos consciência comunitária.

Comungar é um ato que eleva a dignidade humana. É uma honra muito grande ser convidado para a ceia do Senhor. O lava-pés focaliza essa elevação da pessoa humana. A Eucaristia é um reconhecimento da dignidade humana, uma promoção do ser humano. Ser eucarístico no cotidiano é respeitar os direitos humanos, lutar pelo pão na mesa, olhar os interesses alheios, ser samaritano dos outros, comungar o irmão. Ser eucarístico é ter uma forma fraterna de viver: vencer as rupturas e criar relacionamentos de aliança.

A celebração da missa é atualização do sacrifício de Jesus na cruz. Não podemos celebrar o sacrifício sem depois ter atitudes de doação, entrega de si, disponibilidade. A Eucaristia tem muito a ver com o martírio, a cruz, o despojamento de si. No sacrifício há vítima. Oferecer a si mesmo, o próprio corpo para sermos o sacrifício vivo, santo e agradável a Deus (Rm 12,1).

É uma forma eucarística de ser. Jesus eucarístico nos impele a vencermos o comodismo, as gratificações, as facilidades abusivas, as omissões, o consumismo. Viver a moral cristã, vencer as tentações, combater o pecado é um martírio, um sacrifício cotidiano. É a Eucaristia curando e transformando o coração.

Por ser ação de graças e louvor, a Eucaristia transparece nas atitudes da gratuidade, voluntariado, altruísmo. Fazer o bem sem esperar recompensa, louvores, gratificações é uma forma eucarística de viver. O sacramento do altar reforça a gratidão, o agradecimento, a generosidade, a sensibilidade pelos outros. A Eucaristia faz de nossa vida um magnificat.

Comungar é receber o Ressuscitado. Bebemos na fonte da vida, do dinamismo, da coragem, do desassombro. Jesus eucarístico é dinâmico, vivo, transformante. Nas atitudes de desassombro, de iniciativa, de luta pela vida, de profetismo corajoso, de alegria transbordante, de dinamismo evangelizador, estamos sendo eucarísticos. A Eucaristia gera inspirações transformadoras da realidade, inclusive a defesa da ecologia, pois o pão vem do trigo e da terra. O arrebatamento litúrgico leva ao empenho e vigor missionário. O pão da vida fortalece o combate em favor da vida. Pão vivo, pão do céu, para a vida do mundo.

"Eucaristizar" a vida é ter os pensamentos e os sentimentos de Jesus, fazer depender Dele nossos afetos, desejos, projetos e planos, enfim cristificar a vida, ser hóstia viva, sacrifício vivo. O mais impressionante é que Jesus testemunhou um jeito eucarístico de viver, antes de celebrar a Eucaristia. Já na "páscoa" do grão de trigo, temos um sinal de morte e ressurreição de Jesus. Ele fabricou mesas na carpintaria de Nazaré, fez refeições nas casas, multiplicou os pães, defendeu os pobres, abraçou os pecadores, curou os doentes, lavou os pés. Jesus foi eucarístico antes de celebrar a ceia. A Eucaristia não foi instituída para a satisfação de desejos pietistas, mas para a vida do mundo, para criar uma **"cultura eucarística"**, um sistema eucarístico de se viver no mundo, que o Papa João Paulo II definiu como **"projeto de solidariedade"**.

A missa é celebrada no altar do mundo porque ela transforma a matéria, redime o mundo, conscientiza sobre a ecologia, eleva a dignidade humana, anuncia o novo mundo, aponta para o novo céu e a nova terra. No sacramento do altar, temos um projeto social, temos o reino de Deus em forma de celebração. Não se pode restringir a Eucaristia às paredes do templo onde celebramos, mas levá-la até os confins da terra para saciar as fomes do mundo, para "eucaristizar" a vida na terra.

12

Significado espiritual do Lava-pés

1. O gesto do lava-pés transforma as relações de domínio em relações de serviço.
2. O lava-pés supera as rupturas e divisões criando relações de aliança.
3. Inverter o comportamento egoístico em atitude altruísta é fruto do lava-pés. O outro se torna amigo e irmão, os inimigos são acolhidos como amigos.
4. O lava-pés coloca o outro de pé e levanta os caídos.
5. Lavar os pés é encurtar distâncias, vencer diferenças, superar divisões.
6. O lava-pés nos coloca aos pés das vítimas em atitude de serviço.
7. Pela força do lava-pés, ninguém será mais espezinhado, chutado, pisado pelo poder, pelo domínio, pela vingança.
8. O lava-pés nos faz caminhantes e peregrinos na direção do irmão.
9. Tem os pés sujos quem alimenta ódio, raiva, vingança no coração.
10. Num contexto de discórdia e divisão, numa situação de indiferença pelos pobres, a celebração eucarística é indigna porque não está na lógica do lava-pés.
11. O lava-pés é o abraço de reconciliação, é o encontro de perdão, é o diálogo dos diferentes.
12. Pelo lava-pés cai a discriminação, o racismo, a exclusão, a mentalidade de privilégios e de classes.

13. O lava-pés é acolhimento, hospitalidade e cura dos pés feridos, pela aceitação das próprias fraquezas e as dos outros.
14. O lava-pés é uma inversão de critérios em que o outro se torna centro. O nome do lava-pés, hoje, é voluntariado, altruísmo, solidariedade, gratuidade.
15. O lava-pés confirma que quem salva não é o poder, mas o amor.
16. O lava-pés faz da Igreja "casa e escola de comunhão", em que os pobres se sentem em casa.
17. O lava-pés nos faz misericordiosos, compreensivos e samaritanos, com a coragem da solidariedade e uma nova fantasia da caridade.
18. Inclinando-se a lavar os pés dos discípulos, Jesus explica, de forma inequívoca, o sentido da Eucaristia. O amor fraterno é a prova da autenticidade das nossas celebrações eucarísticas.
19. O lava-pés indica o poder da ternura e a fraqueza da violência. Ou vivemos todos como irmãos, ou morremos todos como loucos.
20. Pelo lava-pés, percebemos que quem se inclina perante o próximo eleva-se diante de Deus. E supera a relação-senhor escravo pela relação de aliança e de igualdade.
21. Enxergamos bem lá onde estão nossos pés. É preciso ir ao povo, ser companheiro de viagem; os pés nos fazem vermos melhor. Compremos pares de sandálias e andemos.
22. Lava-pés é despir-se do poder, revestir-se com o avental do servo e desamarrar as sandálias, colocando-se no lugar do outro. Assim fez o bom samaritano.
23. O lava-pés é escola do relacionamento e acolhimento, atitude de confiança que supera as competições, pretensões, invejas e arbítrios.
24. Lava-pés é desejar os desejos dos outros, querer o bem do outro, interessar-se pelos interesses dos outros, sofrer a dor dos outros e ajudar carregar seus fardos.

25. Lava-pés é libertar-se do narcisismo, da aparência, da presunção, das gratificações para a gratuidade.
26. Lava-pés é esvaziamento de si e elevação do outro sentido, satisfação pelo bem-estar alheio. A lógica do lava-pés é: não prejudicar e saber alegrar-se com o sucesso dos outros.
27. Lava-pés é compaixão, tolerância e respeito pelo outro. Tratar os outros como tratamos nossos melhores amigos.
28. Lava-pés é descer de nossos pedestais e chegar até o chão, deixando que o pó e o barro nos revelem de que somos feitos. "É preciso colocar-se abaixo do pó que os pés das pessoas pisam" (Gandhi).
29. Quem viver o lava-pés poderá ser um mártir, nunca um algoz.

13

A Eucaristia e o cotidiano

Deixar a Eucaristia repercutir em nossas vidas, ou seja, "eucaristizar" a vida é trazer a celebração para o cotidiano. Atitudes eucarísticas ou gestos eucarísticos fazem da nossa vida uma missa prolongada. Terminada a celebração, começa a missão, isto é, a missa na vida, no cotidiano.

1. **Viver a gratuidade.** A Eucaristia é ação de graças. Ser eucarístico é dar graças sem cessar, em todo tempo e lugar. É ser grato a tudo e a todos. É viver em ação de graças num sentido de gratuidade. Todo sentimento de gratidão e agir com gratuidade é continuação da Eucaristia no dia a dia.

2. **Doação total de si.** No sacrifício eucarístico, Cristo é vítima e oferta pelos pecados. Sacrifício é entrega de si. Ser eucarístico é doação e entrega de si em tudo. Em todos os gestos de doação, somos eucarísticos especialmente no altruísmo, na evangelização, como também nas cruzes e nos sofrimentos cotidianos.

3. **Agentes de comunhão.** A comunhão eucarística impele-nos à comunhão, à reconciliação, à unidade na Igreja, à comunhão na pastoral de conjunto. Em nossas reuniões do CPC, CPP, CAEP, Assembleias, revivemos a comunhão eucarística. Lugar privilegiado de comunhão são os grupos de reflexão. É

preciso "eucaristizar" nossas reuniões e abrirmo-nos ao ecumenismo, às culturas, ao diferente.

4. **Partilha do pão.** Jesus multiplicou os pães, e Paulo apóstolo pede que a celebração da ceia não leve a esquecer os que passam fome (1Cor 11,21). Ser eucarístico é promover a partilha dos bens da terra, a distribuição justa da renda, a solidariedade com os famintos. Celebrar missas festivas sem compromisso com os que são pobres é celebrar contrariamente ao projeto de Jesus. Enquanto há pobres em nossas comunidades, as missas ainda não são plenamente celebradas. Eucaristia cria nova economia, é um projeto de solidariedade.

5. **O lava-pés.** Antes da ceia eucarística, Jesus lavou os pés dos discípulos. É o gesto do escravo, do servidor. O nosso lava-pés consiste em atender bem as pessoas, saber ouvir, abrir a porta do coração, ser compreensivos, cuidar dos doentes, ter paciência com os que erram, oferecer o perdão. Toda a atitude de serviço é ser eucarístico, é a prática do lava-pés.

6. **Defesa da vida.** Jesus é o pão da vida, pão do céu para a vida do mundo. Na Eucaristia celebramos a morte e a ressurreição de Jesus. É a festa da ressurreição e o encontro com o ressuscitado. Ser eucarístico é, no cotidiano, lutar pela vida, pela dignidade humana, pelos direitos humanos e ser testemunha da ressurreição até num afago, num sorriso, que conferem o gosto de viver. Toda promoção da vida é ser eucarístico.

7. **Profetas da esperança.** "Quem come deste pão viverá eternamente" (Jo 6,51). A Eucaristia antecipa a festa definitiva das núpcias do Cordeiro, é pão de vida eterna. Ser eucarístico é ser pessoa de esperança, otimista, positiva, cheia de motivação e de confiança nas pessoas. Em todo gesto de esperança,

prolonga-se a celebração da Eucaristia, força dos peregrinos e remédio de imortalidade.

8. **Relações de aliança.** A Eucaristia é a nova aliança que significa o amor nos corações, a nova lei. Nossa relação com Deus e com os irmãos não será mais a de "senhor-escravo", mas de aliança, de amizade, de companheirismo. A Eucaristia é um convite à amizade, ao progresso no amor, à comunicação. A Eucaristia gera cidadania, supera o classismo, gera uma nova convivência, cria relações de aliança.

9. **Ecologia.** Na Eucaristia as moléculas do trigo se transformam em Cristo Ressuscitado. Eis o anúncio do futuro da matéria e do mundo. As coisas serão espiritualizadas como acontece com o trigo na consagração e com o corpo humano de Cristo na ressurreição. A Eucaristia nos remete à ecologia, pois a matéria tem um destino de transformação e espiritualização.

10. **Gerar comunidades.** Em cada missa recebemos o corpo de Cristo. A Igreja é o corpo místico de Cristo. Quem comunga o corpo sacramental comunga o corpo místico, eclesial e comunitário. A Eucaristia nos leva a participar da comunidade e dos grupos de reflexão gerando comunidades de confiança e de misericórdia.

11. **Respeito pelo corpo.** Recebemos o corpo de Cristo; por outro lado, o corpo humano é o "tabernáculo vivo" de Deus. Por isso a Eucaristia nos leva a respeitar o corpo humano e lutar contra a tortura, a fome, a prostituição, o racismo, atitudes que desrespeitam o corpo humano, templo de Deus. Eucaristia nos torna mais humanos e nos dignifica.

Eucaristia e vitória sobre os fracassos

1. **Vitória sobre o apego.** É a raiz de todo sofrimento moral, de ciúmes, invejas, agressões. O apego nos torna escravos de coisas e pessoa, roubando-nos a liberdade e a paz. Tornamo-nos possessivos e dominadores pela força escravizadora do apelo que é sempre egocêntrico e costuma vicejar nas trevas da ilusão, da fantasia, do engano. Pior ainda, o apego é uma dependência emocional servil, que nos deixa angustiados, ansiosos, atemorizados. A única solução está em tomar consciência de nossos apelos e, urgentemente, abandoná-los.

2. **Vitória sobre a rotina.** Torna a vida, as pessoas e a existência corriqueiras, chatas, molestas. Faz as pessoas perderem o elã vital e viver na mesmice, na superficialidade, na falta de sentido. A rotina acaba em cansaço e, quando não, em depressão, reduz a beleza da vida, a graça do tempo. O mistério da vida acaba em trivialidade e pessimismo. Corrói a vida como a traça, a ferrugem, o cupim e a cárie. Há muitas maneiras de superação da rotina, como: a oração, o amor no trabalho, a valorização do cotidiano, a gratuidade do agir, a intenção de dar glória a Deus e servir a humanidade em tudo que fazemos. Sem a esperança na glória futura, seremos vítimas da rotina.

3. **Vitória sobre a mediocridade.** É a falta de empenho, de interesse e de cuidado. Muito parecida com a preguiça e com a indolência, a mediocridade nos coloca no patamar da acomodação, da ética do jeito, da instalação, da meia ciência, da inconsciência. O medíocre diz: "as coisas são assim mesmo, deixa como estão para ver como vão ficar". É o aburguesamento, a vida soft e ligth, o levar tudo com a barriga, sob o comando da alienação, da lei do menor esforço, da facilida-

de, da brincadeira. Só o sofrimento, a conscientização, um choque emocional, e a graça da conversão podem mudar o ritmo da pessoa medíocre.

4. **Vitória sobre as preocupações.** Nada trazem de soluções, pelo contrário, aumentam os problemas que são antecipados. É uma falta de sabedoria e de discernimento deixar-se afetar pelas preocupações que tiram o sono, apressam o stress, precipitam o nervosismo, destroem a paz e o bom senso. Acarretam a velhice antes do tempo. Nosso lema deve ser: "Ocupação sim, preocupação não". Evitemos lamentar os problemas e busquemos as soluções cabíveis. Mudar o que pode ser mudado e aceitar o que não pode ser mudado. Libertar-se das preocupações é terapia, é sabedoria.

5. **Vitória sobre as omissões.** É deixar de fazer o bem, fazê-lo pela metade, contentar-se com o mínimo, não usar os dons, as qualidades, as graças, as oportunidades que nos são dadas. A omissão dos pais, professores, médicos, sacerdotes, políticos acarreta uma série de problemas para a sociedade. Os maus são atrevidos, os bons são omissos, eis o drama. Quem prejudica alguém pela omissão tem a obrigação moral de reparar os danos. A educação, a religião podem nos libertar do veneno da omissão.

A Eucaristia, sacramento da luz, ilumina o cotidiano e confere sentido à vida. Vejamos como isso acontece.

Qual é o dia mais belo? Hoje. Sim hoje, agora, este momento, este minuto é o que temos de mais belo e precioso. Vivamos o agora com amor e intensidade. Qual a coisa mais fácil? Errar. Somos de barro, ninguém é infalível nem "infalávil". Resta-nos admitir que erramos, aprender com nossos erros e evitar repeti-los.

Qual o maior obstáculo? O medo. O medo paralisa, faz ver fantasmas, castra iniciativas, inibe criatividades. Pior ainda é o medo da crítica. Qual o maior erro? O desânimo. É a apatia, a falta de esperança, o pessimismo, a indiferença. Qual a raiz de todos os males? O egoísmo. Eis o maior recalque da humanidade. O egoísmo globalizado tem nome de consumismo, latifúndio, exclusão, poder econômico. Qual a distração mais bela? O trabalho. Além de distração, o trabalho é terapia e lugar de santificação. Qual a pior derrota? O negativismo. Manifesta-se na baixa autoestima pessoal, na culpabilização dos outros, na desmotivação e pessimismo.

Quais os melhores professores? As crianças. Elas ensinam muitas lições de vida e de valores. Jesus as coloca no centro do reino de Deus. Qual a primeira necessidade? A comunicação. Crescemos na medida de nossa comunicação. Somos um nó de relacionamentos. Quem não se comunica não cresce, não amadurece. Qual é a maior felicidade? Ser útil aos demais. Na doação de si, no servir, na entrega, a pessoa se realiza e encontra a felicidade. Qual é o maior mistério? A morte. A melhor atitude é aceitar morrer e estar preparado para a morte. Qual o pior defeito? O mau humor. Sim, porque provoca brigas, propaga o mal-estar, infesta os ambientes.

Qual a pessoa mais perigosa? A mentirosa. A convivência torna-se impossível porque a confiança é destruída pela mentira. Qual é o pior sentimento? O rancor. Leva a destruir o outro e acaba por destruir o próprio rancoroso. A pessoa vingativa jamais tem paz, é escrava do mal. Qual o presente mais belo? O perdão. Na verdade o perdão é um ato de gratuidade, bondade, portanto um dom, um presente precioso. Pelo perdão vencemos o mal. O que é imprescindível? O lar. Ter um lar, uma casa, uma família é ser milionário porque ali recebemos aconchego, acolhimento, reconhecimento. Qual a sensação mais agradável? A paz interior. Estar bem consigo, com os outros e com Deus e sentir a satisfação pelo bem-estar dos outros nos traz paz interior.

Qual a proteção efetiva? O sorriso. Rir faz bem para a saúde. O sorriso enternece. É um gesto de amor fraterno. Qual o melhor remédio? O otimismo. Dele brotam soluções, iniciativas, realizações. Qual a maior satisfação? O dever cumprido. É uma sensação de realização pessoal, de responsabilidade, de maturidade, do bem praticado. Qual a força mais potente do mundo? A fé. Ela transporta montanhas, vence o mal, derrota dúvidas, cura doenças, inspira soluções, encoraja realizações. Quais as pessoas mais necessárias? Os pais. São os primeiros educadores, mais que isso, são a segurança, a proteção, o amparo da vida. Os pais são nossos primeiros amigos, nossos protetores, nossos deuses. Qual a mais bela de todas as coisas? O amor. Existimos porque somos amados. O amor é nossa identidade. Pelo amor somos acolhidos, reconhecidos, elogiados, respeitados. O amor quer o bem dos outros. O amor é a resposta a todas as perguntas.

14

A Eucaristia e a fome

A matéria-prima da Eucaristia é o pão, a farinha, o trigo, que brotam da terra e do trabalho humano. Deus liberta seu povo do Egito sob a liderança de Moisés, para lhe dar terra, pão, liberdade, e assim o povo adora o Senhor. No deserto os hebreus são alimentados com o pão que desceu do céu: o maná. Melquisedec oferece a Deus pão e vinho; ele é o rei da justiça. O pão na mesa requer a justiça social. Eis o sacerdócio segundo a ordem de Melquisedec.

O profeta Elias é alimentado por Deus por meio de um anjo, porque tem um longo caminho a percorrer (1Rs 19,7). Isaías descreve o tempo messiânico como um banquete na montanha. Javé foi sempre o amparo do órfão, da viúva, do estrangeiro e do pobre. Os salmos são louvores ao Criador; toda a criação canta hinos de ação de graças. Todos os bens da criação têm um destino universal. A terra e seus bens são para todos. Terra para todos e terra sem males em favor da vida. O plano criador é o Éden, o jardim que o pecado humano transformou em deserto, estepe, terra seca e geopolítica. Enfim, Jesus nasce em Belém, cidade do pão.

Na carpintaria de Nazaré, Jesus aprende fazer mesas e ajuda Maria preparar a comida. Percebe no grão de trigo o que irá acontecer com ele mesmo na páscoa: morrer e ressuscitar. Fala da farinha e do fermento e na tentação diz que não só de pão vive o homem (Mt 4,4). Logo no início do seu ministério, já começa a fazer refeições nas casas. Exulta com Zaqueu, que dá a metade dos seus bens aos pobres. Seu alimento é fazer a vontade do Pai.

Lamenta profundamente a atitude do jovem rico, dos que confiam nas riquezas. Suas parábolas referem-se a banquetes e festas de casamento como símbolos do reino de Deus. Seu grupo passa por necessidades básicas, por isso apanha trigo na roça alheia ao longo do caminho. Recebe ajuda das mulheres ricas que se converteram (Lc 8,1-3). Jesus faz a experiência da pobreza e da partilha, tal qual a pobre viúva de Sarepta quando diz ao profeta: meu filho e eu vamos comer o último bocado e depois morrer (1Rs 17,12). Assim faz Jesus na última ceia. Antes de celebrar a Eucaristia, Jesus era um homem eucarístico, tinha um jeito e uma forma eucarística de viver. Ele vem trazer vida plena, e o pão do céu é para a vida do mundo.

Em pleno ministério público, Jesus, cheio de compaixão pelo povo, ordena aos discípulos: "Dai-lhes vós mesmos de comer" (Mc 6,37). Multiplica os pães para saciar a fome do povo e identifica-se com os famintos: "Tive fome e me destes de comer" (Mt 25,35). Jesus está faminto. Na Eucaristia e nos pobres, contemplamos o rosto de Jesus. A Igreja tem dois tesouros: os pobres e a Eucaristia. O pão do céu é para a vida do mundo (Jo 6,51). É no partir do pão que os discípulos de Emaús reconhecem a Jesus (Lc 24,31).

Ao ensinar seus discípulos a rezarem, Jesus pede pelo pão cotidiano. Com estômago vazio, não podemos chamar a Deus de Pai. Pedimos o pão em solidariedade com os outros: "pão nosso". O Pai, doador da vida, dá-nos o alimento necessário, os bens materiais e espirituais. Como não lembrar da parábola do pobre Lázaro? (Lc 16,19-31). Pedindo o pão, estamos pedindo instauração da justiça nas relações pessoais, sociais, econômicas e internacionais. Todavia, sabemos que não existirão estruturas justas sem seres humanos que queiram ser justos. Cristo mesmo é pão: "semeado no seio da virgem, levedado na carne, amassado na Paixão, colocado em reserva na Igreja, repartido nos altares, é o alimento celeste" (CIC 2837).

Ao comungar o Corpo do Senhor, o pão do céu, não podemos continuar sendo insensíveis à fome humana, consumistas, "pães-duros e mãos fechadas", nem colaboradores do desperdício e da ostentação. Eucaristia é também comunhão de bens, partilha, distribuição da renda. Mais ainda, a Ceia do Senhor é um "projeto de solidariedade" (João Paulo II) que mobiliza os fiéis para a ação social. A Eucaristia cria uma "cultura eucarística", que é a cultura da vida, da comunhão, da gratuidade, da dignidade humana, do diálogo e da misericórdia. Um novo mundo é possível a partir de Cristo e da Eucaristia. Sem a Eucaristia sofremos fome e solidão. Para não celebrar indignamente, precisamos organizar o atendimento aos pobres, desestabilizar as estruturas injustas e viver um estilo de vida em que a simplicidade e a sobriedade sejam visíveis.

Pela Eucaristia descobrimos também o valor dos bens materiais.

Primeira tese: Deus é o único proprietário da terra (Dt 6,10-13; 8,1-18), e os bens materiais são um valor necessário para o sustento da vida. Em 1Tm 4,4, lemos que "tudo é bom" e que "nada é impuro" (At 10,15). Na oração do Pai-Nosso, pedimos o pão de cada dia e, pelo mandato do quinto mandamento, somos obrigados, em consciência, a zelar pela vida. Os talentos devem render (Mt 25,14-30), e o operário é digno do seu salário (Lc 10,7). Portanto os bens materiais têm uma bondade intrínseca e estão a serviço do homem.

Segunda tese: O acúmulo de riquezas é um perigo. A Bíblia descreve concretamente estes perigos: servir dois senhores (Lc 12,22-30), avareza, ambição, pois o "amor ao dinheiro é a raiz de todos os vícios" (1Tm 6,9). Na verdade o acúmulo de riquezas aumenta o contraste entre miséria e luxo, que os profetas denunciaram, e facilmente inclina o coração do homem para as famosas falsas necessidades e o supérfluo. A sedução pelo supérfluo é origem de muitas preocupações estafantes e inúteis. O pior é que o supérfluo não nos pertence, ele é do nosso próximo, no dizer de São Ambrósio e que Paulo VI cita na *Populorum Progressio*, n. 23. Lembrando que "passa a figura deste mundo" (1Cor 7,21), o cristão não pode apoiar-se na fragilidade e caducidade das riquezas. Elas não são más em si mesmas, porém, pela culpa do homem, facilmente se tornaram sedutoras.

Terceira tese: Os bens materiais são meios a serviço da comunhão e da fraternidade entre os homens. A Bíblia fala que os primeiros cristãos tinham tudo em comum (Atos 4,32), que o trabalho é meio para socorrer os indigentes (Ef 4,28), que a hospitalidade, a esmola, o socorro dos órfãos e das viúvas são levados a efeito, graças aos bens materiais. Portanto o uso dos bens deve estar sob o controle do amor e a serviço do amor.

Quarta tese: Jesus foi radicalmente pobre e aconselhou a pobreza. Ele não teve cama para nascer (estrebaria) nem para descansar (as raposas têm sua toca, mas o Filho do Homem não tem onde reclinar a cabeça, Lc 9,58), nem para morrer (cruz). Jesus chamou os pobres de bem-aventurados (Mt 5,3) e se identificou com eles: "tive fome, tive sede, estive preso" (Mt 25,31ss). Quem é apegado à riqueza dificilmente entrará no reino.

Penso que essas teses são muito esclarecedoras. Não é proibido o direito à propriedade, mas é rejeitado o acúmulo de riquezas, é destacado o supérfluo. Renunciar aos bens é um conselho de Jesus, visto que as riquezas constituem um perigo e uma sedução para o cristão, e tal renúncia é uma condição necessária para a perfeição.

Contentar-se com o suficiente, converter-se à frugalidade e viver em sobriedade e austeridade, eis o caminho proposto pelo evangelho. Para os cristãos é um dever o desapego do supérfluo e regrar sua vida pelo conveniente, pelo necessário ou até pelo indispensável. Toda posse de bens deixa de ser evangélica desde o momento em que impedir o desapego interior e a disponibilidade completa em favor do próximo. Oxalá a pobreza fosse também nossa rainha e senhora como foi para São Francisco, que rezava assim: "Como Deus é pobre e humilde na Eucaristia"!

15

A Eucaristia e o magistério recente

Oferecemos aqui alguns textos do magistério do Papa João Paulo II, do 48º Congresso Eucarístico Internacional em Guadalajara, do Sínodo dos Bispos sobre a Eucaristia, realizado em Roma, durante o mês de outubro de 2005, dos magistérios do Papa Bento XVI e do Papa Francisco.

Novo Millenio Ineunte (n. 49-52)

Carta Apostólica sobre o Novo Milênio (2001)

Jesus se identificou com os pobres (Mt 25,35-36). Esse texto projeta um feixe de luz sobre o mistério de Cristo. Há na pessoa dos pobres sua especial presença, obrigando a Igreja a uma opção preferencial por eles. Ninguém deve ser excluído do nosso amor, mas há nos pobres uma especial presença de Cristo.

Na comunidade cristã, os pobres devem sentir-se como em sua casa. Sem essa forma de evangelização, o anúncio do Evangelho corre o risco de não ser compreendido. O cristão deve debruçar-se sobre a fome, o analfabetismo, as novas pobrezas, a solidão, a marginalização, as drogas, a violência. É preciso decifrar o apelo que Cristo lança à nossa fé a partir do mundo da pobreza. A caridade hoje requer maior capacidade inventiva. É hora de uma "nova fantasia da caridade".

Há que rejeitar a tentação de uma espiritualidade intimista e individualista que não se coaduna com as exigências da lógica da Encarnação, da caridade nem com a tensão escatológica do cristianismo.

Ecclesia de Eucharistia (n. 20)
Encíclica sobre a Eucaristia (2003)

A Eucaristia, enquanto lava-pés, sendo celebrada num contexto de indiferença para com os pobres torna-se uma celebração indigna. A vida cristã, por força da Eucaristia, deve atuar na transformação do mundo. Nas mil contradições do mundo globalizado, os mais pobres pouco podem esperar.

Já em 1965, na encíclica *Misterium Fidei*, Paulo VI dizia: "O culto eucarístico promove o amor social, levando-nos a antepor o bem comum ao bem particular, a fazer nossa a causa da comunidade abraçando o mundo inteiro" (n. 71). Mais perto de nós, em sua catequese semanal sobre a Eucaristia, João Paulo II ensinava que a Eucaristia é para saciar o mundo inteiro. O pão partido abre a vida do cristão para a vida do mundo, dá coragem para a solidariedade, é escola permanente de caridade, justiça e paz. Na Eucaristia comungamos o amor-doação e assim é possível progredir e permanecer no amor, transformando situações de ruptura em relações de aliança.

Mane Nobiscum Domine (n. 27-28)
Carta Apostólica sobre o Ano Eucarístico (2004)

Aqui João Paulo II afirma que Eucaristia é um projeto de solidariedade e o cristão um promotor da solidariedade e tecedor do diálogo, da comunhão e da paz. Da Eucaristia recebemos o impulso para a edificação de uma sociedade mais equitativa e fraterna. Os critérios de domínio são invertidos em critérios de serviço por força do lava-pés. São Paulo reafirma vigorosamente que não é lícita uma celebração eucarística em que não resplandeça a partilha concreta com os mais pobres.

A autenticidade das nossas celebrações eucarísticas será comprovada pelo critério do amor mútuo (Jo 13,35): "Nisto conhecerão que sois meus discípulos". O lava-pés explica, de modo inequívoco, o sentido da Eucaristia.

À luz desse ensino sobre a Eucaristia e a fome, o 48º Congresso Eucarístico Internacional em Guadalajara, no México, não deixou de testemunhar que a Eucaristia, enquanto ceia, requer: a comunhão de bens no mundo; a partilha para os necessitados; o serviço das mesas; a superação da divisão e a luta contra a discriminação. A Eucaristia é uma escola de diaconia.

Sínodo sobre a Eucaristia
Aula Sinodal (Outubro de 2005)

Na Sala do Sínodo, ouviu-se o clamor de muitos Padres Sinodais a respeito da Eucaristia e da fome. Antes de tudo, ressaltou-se o perigo de uma espiritualidade eucarística desencarnada, pietista, intimista. Os textos bíblicos foram: Mc 6,37: "Dai-lhes vós mesmos de comer". Aqui Jesus dá a entender que diminuir a fome é uma tarefa e obrigação eucarística. O Senhor vincula a Eucaristia ao problema da fome. Assim também faz o apóstolo Paulo em 1Cor 11,17-34, em que afirma que a fome envergonha os pobres e que comemos nossa condenação e celebramos indignamente a Eucaristia enquanto houver fome e pobreza.

Outro texto focalizado nas intervenções da Aula Sinodal foi o Mt 25,35-36. Jesus aqui se identifica com os pobres e realça sua presença especial neles. A Eucaristia e os pobres são os dois tesouros da Igreja. Desde os primórdios da Igreja, a coleta da celebração é para socorrer os necessitados.

A Eucaristia clama por uma nova ordem econômica e para a globalização da solidariedade. O pão da vida é também uma ordem para o pão da mesa. Por isso a necessidade de repartir o bem-estar de uns para dar possibilidade de vida a outros, lembrando que o Criador destinou os bens da criação para todos. A Eucaristia reforça o destino universal dos bens. Aí está o mundo novo antecipado na Eucaristia que é um projeto de solidariedade.

Os Padres Sinodais, sábia e profeticamente, relacionaram a Eucaristia com a distribuição dos bens, da criação, com o maná dado por Deus no deserto, com a oração do Pai-Nosso em que pedimos o pão cotidiano, e com a multiplicação dos pães. Quem adora Jesus no pão consagrado deve reconhecê-lo também nos pobres. Alguém bem lembrou que quem comunga se torna pão e nutrimento dos outros e comunga também os irmãos: "Minha missa é minha vida e minha vida é minha missa" (Beato Hurtado).

Chama atenção o título da Mensagem Final do Sínodo: "Eucaristia, pão vivo, para a paz do mundo". A homilia de Bento XVI na missa de conclusão do Sínodo tem como lema: "Ser pão partido para os outros". Tudo indica que a dimensão social da Eucaristia foi salientada nas mensagens centrais do Sínodo sobre a Eucaristia.

Não poucos Padres Sinodais fizeram referência ao documento *Mane Nobiscum Domine*, n. 28, de João Paulo II, em que, por duas vezes, está afirmado que a autenticidade de nossas celebrações eucarísticas será comprovada pelo amor mútuo e amor aos pobres. A indiferença para com os pobres torna nossas missas ilícitas e indignas. Pelo lava-pés, Jesus explica de modo inequívoco o sentido da Eucaristia.

O Papa Bento e a dimensão social da Eucaristia

O Papa Bento XVI nos presenteou com a Exortação Apostólica pós-Sinodal intitulada: *Sacramentum Caritatis - O Sacramento da Caridade*. A terceira parte do referido Documento se refere à "*Eucaristia, mistério oferecido ao Mundo*". Vamos, então, conhecer o que o Papa Bento escreveu nos números 88 a 92.

Leiamos, com redobrada atenção, estas reflexões eucarísticas que são originais, profundas, proféticas e muito desconhecidas por todos nós. Elas abrem novos horizontes e nos ajudam a perceber a dimensão caritativa, social e profética da Santa Eucaristia para a vida do mundo.

Eucaristia, pão repartido para a vida do mundo

88. "O pão que Eu hei de dar é a minha carne que Eu darei pela vida do mundo" (*Jo* 6,51). Com essas palavras, o Senhor revela o verdadeiro significado do dom da sua vida por todos os homens; elas mostram-nos também a compaixão íntima que Ele sente por cada pessoa. Na realidade, os Evangelhos transmitem-nos, muitas vezes, os sentimentos de Jesus para com as pessoas, especialmente os doentes e pecadores (*Mt* 20,34; *Mc* 6,34; *Lc* 19,41). Ele exprime, por meio dum sentimento profundamente humano, a intenção salvífica de Deus, que deseja que todo o homem alcance a verdadeira vida. Cada celebração eucarística atualiza sacramentalmente a doação que Jesus fez da sua própria vida na cruz por nós e pelo mundo inteiro. Ao mesmo tempo, na Eucaristia, Jesus faz de nós testemunhas da compaixão de Deus por cada irmão e irmã; nasce assim, à volta do mistério eucarístico, o serviço da caridade para com o próximo, que "consiste precisamente no fato de eu amar, em Deus e com Deus, a pessoa que não me agrada ou que nem conheço sequer. Isto só é possível realizar-se a partir do encontro íntimo com Deus, um encontro que se tornou comunhão de vontade, chegando mesmo a tocar o sentimento. Então aprendo a ver aquela pessoa já não somente com os meus olhos e sentimentos, mas segundo a perspectiva de Jesus Cristo". Desta forma, nas pessoas com quem tenho contato, reconheço irmãs e irmãos, pelos quais o Senhor deu a sua vida amando-os "até ao fim" (*Jo* 13,1). Por conseguinte, as nossas comunidades, quando celebram a Eucaristia, devem consciencializar-se cada vez mais

de que o sacrifício de Jesus é por todos; e, assim, a Eucaristia impele todo o que acredita n'Ele a fazer-se "pão repartido" para os outros e, consequentemente, a empenhar-se por um mundo mais justo e fraterno. Como sucedeu na multiplicação dos pães e dos peixes, temos de reconhecer que Cristo continua, ainda hoje, exortando os seus discípulos a empenharem-se pessoalmente: "Dai-lhes vós de comer" (*Mt* 14,16). Na verdade, a vocação de cada um de nós consiste em sermos, unidos a Jesus, *pão repartido para a vida do mundo.*

As implicações sociais do mistério eucarístico

89. A união com Cristo, que se realiza no sacramento, habilita-nos também a uma novidade de relações sociais: "a 'mística' do sacramento tem um carácter social, porque (...) a união com Cristo é, ao mesmo tempo, união com todos os outros aos quais Ele Se entrega. Eu não posso ter Cristo só para mim; posso pertencer-Lhe somente unido a todos aqueles que se tornaram ou hão-de tornar Seus". A propósito, é necessário explicitar a relação entre mistério eucarístico e compromisso social. A Eucaristia é sacramento de comunhão entre irmãos e irmãs que aceitam reconciliar-se em Cristo, o Qual fez de judeus e gentios um só povo, destruindo o muro de inimizade que os separava (*Ef* 2,14). Somente esta tensão constante à reconciliação permite comungar dignamente o corpo e o sangue de Cristo (*Mt* 5,23-24). Por meio do memorial do seu sacrifício, Ele reforça a comunhão entre os irmãos e, de modo particular, estimula os que estão em conflito a apressar a sua reconciliação, abrindo-se ao diálogo e ao compromisso em prol da justiça. A restauração da justiça, a reconciliação e o perdão são, sem dúvida alguma, condições para construir uma verdadeira paz; dessa consciência nasce a vontade de transformar também as estruturas injustas, a fim de se restabelecer o respeito da dignidade do homem, criado à imagem e semelhança de Deus; é por meio da realização con-

creta dessa responsabilidade que a Eucaristia se torna na vida o que significa na celebração. Como já tive ocasião de afirmar, não é missão própria da Igreja tomar nas suas mãos a batalha política para se realizar a sociedade mais justa possível; todavia ela não pode nem deve ficar à margem da luta pela justiça. A Igreja "deve inserir-se nela pela via da argumentação racional e deve despertar as forças espirituais, sem as quais a justiça, que sempre requer renúncias também, não poderá afirmar-se nem prosperar".

Na perspectiva da responsabilidade social de todos os cristãos, os padres sinodais lembraram que o sacrifício de Cristo é mistério de libertação que nos interpela e provoca continuamente; dirijo, pois, um apelo a todos os fiéis para que se tornem realmente obreiros de paz e justiça: "Com efeito, quem participa na Eucaristia deve empenhar-se na edificação da paz neste nosso mundo marcado por muitas violências e guerras, e, hoje de modo particular, pelo terrorismo, pela corrupção econômica e pela exploração sexual"; problemas, estes, que geram por sua vez outros fenômenos degradantes que causam viva preocupação. Sabemos que essas situações não podem ser encaradas de modo superficial. Precisamente em virtude do mistério que celebramos, é preciso denunciar as circunstâncias que estão em contraste com a dignidade do homem, pelo qual Cristo derramou o seu sangue, afirmando assim o alto valor de cada pessoa.

O alimento da verdade e a indigência do homem

90. Não podemos ficar inativos perante certos processos de globalização, que não raro fazem crescer desmesuradamente a distância entre ricos e pobres em âmbito mundial. Devemos denunciar quem delapida as riquezas da terra, provocando desigualdades que bradam ao céu (*Tg* 5,4). Por exemplo, é impossível calar diante das "imagens impressionantes dos grandes

campos de deslocados ou refugiados – em várias partes do mundo – amontoados em condições precárias para escapar a sorte pior, mas carecidos de tudo. Porventura estes seres humanos não são nossos irmãos e nossas irmãs? Os seus filhos não vieram ao mundo com os mesmos legítimos anseios de felicidade que os outros?" O Senhor Jesus, pão de vida eterna, incita a tornarmo-nos atentos às situações de indigência em que ainda vive grande parte da humanidade: são situações cuja causa se fica a dever, frequentemente, a uma clara e preocupante responsabilidade dos homens. De fato, "com base em dados estatísticos disponíveis, pode-se afirmar que bastaria menos de metade das somas imensas globalmente destinadas a armamentos para tirar, de forma estável, da indigência o exército ilimitado dos pobres. Isso interpela a consciência humana. Às populações que vivem sob o limiar da pobreza, mais por causa de situações que dependem das relações internacionais políticas, comerciais e culturais do que por circunstâncias incontroláveis, o nosso esforço comum verdadeiramente pode e deve oferecer-lhes nova esperança".

O alimento da verdade leva-nos a denunciar as situações indignas do homem, nas quais se morre à míngua de alimento por causa da injustiça e da exploração, e dá-nos nova força e coragem para trabalhar sem descanso na edificação da civilização do amor. Desde o princípio, os cristãos tiveram a preocupação de partilhar os seus bens (*At* 4,32) e de ajudar os pobres (*Rm* 15,26). O peditório que se realiza nas assembleias litúrgicas constitui viva reminiscência disso mesmo, mas é também uma necessidade muito atual. As instituições eclesiais de beneficência, de modo particular a *Caritas* nos seus vários níveis, realizam o valioso serviço de auxiliar as pessoas em necessidade, sobretudo os mais pobres. Tirando inspiração da Eucaristia, que é o sacramento da caridade, aquelas tornam-se a sua expressão concreta; por isso merecem todo o aplauso e estímulo pelo seu empenho solidário no mundo.

A doutrina social da Igreja

91. O mistério da Eucaristia habilita-nos e impele-nos a um compromisso corajoso nas estruturas deste mundo para lhes conferir aquela novidade de relações que tem a sua fonte inexaurível no dom de Deus. O pedido que repetimos em cada Missa: "O pão nosso de cada dia nos dai hoje", obriga-nos a fazer tudo o que for possível, em colaboração com as instituições internacionais, estatais, privadas, para que cesse ou pelo menos diminua, no mundo, o escândalo da fome e da subnutrição que padecem muitos milhões de pessoas, sobretudo nos países em vias de desenvolvimento. Particularmente o leigo cristão, formado na escola da Eucaristia, é chamado a assumir diretamente a sua responsabilidade político-social; a fim de poder desempenhar adequadamente as suas funções, é preciso prepará-lo por meio de uma educação concreta para a caridade e a justiça. Para isso, como foi pedido pelo Sínodo, é necessário que, nas dioceses e comunidades cristãs, se dê a conhecer e incremente a doutrina social da Igreja. Nesse precioso patrimônio, nascido da mais antiga tradição eclesial, encontramos os elementos que orientam, com profunda sabedoria, o comportamento dos cristãos nas questões sociais em ebulição. Amadurecida durante toda a história da Igreja, essa doutrina caracteriza-se pelo seu realismo e equilíbrio, ajudando assim a evitar promessas enganadoras ou vãs utopias.

Santificação do mundo e defesa da criação

92. Enfim, para desenvolver uma espiritualidade eucarística profunda, capaz de incidir significativamente também no tecido social, é necessário que o povo cristão, ao dar graças por meio da Eucaristia, tenha consciência de o fazer em nome da criação inteira, aspirando assim à santificação do mundo e trabalhando intensamente para tal fim. A própria Eucaristia

projeta uma luz intensa sobre a história humana e todo o universo. Nessa perspectiva sacramental, aprendemos dia após dia que cada acontecimento eclesial possui o caráter de sinal, pelo qual Deus Se comunica a Si mesmo e nos interpela. Dessa maneira, a forma eucarística da existência pode verdadeiramente favorecer uma autêntica mudança de mentalidade no modo como lemos a história e o mundo. Para tudo isso nos educa a própria liturgia quando o sacerdote, durante a apresentação dos dons, dirige a Deus uma oração de bênção e súplica a respeito do pão e do vinho, "fruto da terra", "da videira" e do "trabalho do homem". Com essas palavras, o rito, além de envolver na oferta a Deus toda a atividade e canseira humana, impele-nos a considerar a terra como criação de Deus, que produz quanto precisamos para o nosso sustento. Não se trata de uma realidade neutral, nem de mera matéria a ser utilizada indiferentemente segundo o instinto humano; mas coloca-se dentro do desígnio amoroso de Deus, segundo o qual todos nós somos chamados a ser filhos e filhas de Deus no seu único Filho, Jesus Cristo (*Ef* 1,4-12). As condições ecológicas em que a criação subjaz em muitas partes do mundo suscitam justas preocupações, que encontram motivo de conforto na perspectiva da esperança cristã, pois esta compromete-nos a trabalhar responsavelmente na defesa da criação; de facto, na relação entre a Eucaristia e o universo, descobrimos a unidade do desígnio de Deus e somos levados a individuar a relação profunda da criação com a "nova criação" que foi inaugurada na ressurreição de Cristo, novo Adão. Dela participamos já agora em virtude do Baptismo (*Col* 2,12s), abrindo-se assim à nossa vida cristã, alimentada pela Eucaristia, a perspectiva do mundo novo, do novo céu e da nova terra, onde a nova Jerusalém desce do céu, de junto de Deus, "bela como noiva adornada para o seu esposo" (*Ap* 21,2).

O Papa Francisco, a Eucaristia e o presbítero

1. O padre eucaristizado

O Papa Francisco levanta-se às quatro horas da manhã. Permanece na presença de Jesus Cristo na Eucaristia. Comunica-se com Ele no sacrário, no silêncio, no olhar, na contemplação. Não basta celebrar, é preciso demorar-se diante do Ressuscitado, diz o Papa. A Eucaristia aquece o coração, reabre os ouvidos, solta os lábios, abre os braços, move os pés. Dessa fonte, bebemos a água, que sacia nossa sede, mantém-nos na fidelidade, tanto no calor do dia, como na escuridão da noite e no enfraquecimento das forças.

O amor a Jesus sacramentado confirma as certezas fundamentais: "A verdade prevalece, o amor não é em vão, o perdão tudo muda, a unidade vence, o esquecimento de si é a elevação do outro". Tornamo-nos odres novos, recipientes repletos, mananciais da graça. O Papa escreve na Carta aos Presbíteros: "Obrigado por celebrar diariamente a Eucaristia".

Graças à Eucaristia, o sacerdote é homem de Deus 24 horas por dia, não só quando está paramentado no altar. Liturgia não é só rito, é vida. É fácil celebrar, difícil é ser eucarístico, ser a missa que celebramos, ser homens do dom de si todos os dias, sem férias, sem pausa. A vida do sacerdote não é uma função, nem uma profissão, é doação, é missão.

Jesus na Eucaristia está nos pedindo mais simplicidade e menos rigidez com o povo. Onde há rigidez, há graves problemas. A simplicidade nos permite aceitar que somos nós também ovelhas feridas. A Escola do Sacrário ensina a libertar-nos da lepra do carreirismo, do terrorismo das fofocas, da perversão do clericalismo, da deusa lamentação e da mundanidade espiritual. Cuidemos para não transformarmos a unção em função. Aprendamos com Jesus Sacramentado a não agirmos só por obrigação, mas por convicção, por gratidão, por atração, por admiração e por devoção. Não somos apenas administradores, funcionários, mercenários, nem gestores que querem ser pagos. Fomos ungidos para servir. O significado da casula (pequena casa) é carregar o povo nos ombros, no colo, nos braços como bons pastores.

Sem fé no amor de Deus, manifestado em Jesus, o Pão da Vida, o padre é o "mais pobre dentre os humanos", porque não permite Jesus agir na sua fraqueza. É o "mais inútil" dos servos porque não aceita Jesus chamá-lo de amigo. É o "mais estulto" entre os homens porque não chora seus pecados. É o "mais indefeso" dos cristãos porque não se sente ovelha do rebanho que é o presbitério. É o "menor de todos", porque só conta com suas forças. Não procura ajuda. Não aceita a cura.

Jesus no Tabernáculo espera o amigo padre para escutá-lo, abraçá-lo, beijá-lo, perdoar-lhe. Ele espera nossa visita tal qual somos. O Maligno quer ver o padre na amargura, na murmuração e no desânimo. Jesus sacramentado é mais forte, transforma a fragilidade em bênção, a vergonha em confiança, a desagregação em harmonia.

O padre faz a experiência do cansaço bom e ruim. O cansaço bom é fruto de doação de si a exemplo de Cristo, que se entrega no sacrifício eucarístico. Diante do Sacrário, o padre encontra descanso, repouso, restauração. O cansaço ruim vem do vazio interior, da mundanização da vida, do abandono da oração, da desilusão consigo. Esse cansaço se expressa no mau humor, na busca de prazeres, na acidez do rosto, nas lamentações e no azedume. O remédio eficaz é colocar-se aos pés do Tabernáculo, aceitar com humildade a conversão e procurar ajuda.

Diante de Jesus sacramentado, o Papa São Paulo VI rezou: "Deus tirou-me de mim mesmo, prendeu-me a Ele, consagrou-me ao povo, para não me pertencer e ser para os outros". Eis a adoração em espírito e verdade, lembra o Papa.

Na verdade, diz o Papa Francisco, Jesus não se assusta com nossa fraqueza e debilidade, porque é na fraqueza que Ele manifesta sua força. Jesus conhece a "ciência da carícia" e o "poder da ternura". O sacerdote apático e desanimado sofre a pior das tentações. É preciso correr e refugiar-se no Sacrário, deixar-se amar, voltar ao primeiro amor.

Para vencer as tentações e superar o cansaço ruim, o melhor caminho é frequentar o Sacrário, como também visitar a mãe ou uma família amiga, abrir o coração a alguém, falar com pessoas simples, fazer uma boa confissão, aconselha o Papa Francisco.

2. Atitudes antieucarísticas

O Papa Francisco aponta também algumas atitudes antieucarísticas nos diáconos, presbíteros, bispos, religiosos.

A inveja, que consiste em denegrir, desfazer, diminuir o outro, destrói a boa fama dos outros e se irrita com o sucesso alheio. Sente o bem do outro como desvantagem "para mim". O sucesso do outro me inquieta, porque me sinto menor, inferior, frustrado. A inveja mata, conclui o Papa. Superemos a inveja com a fraternidade e gratidão.

O carreirismo é uma lepra no meio presbiteral porque é a busca da fama, do prestígio, da honra, dos cargos, da autopromoção e da autorreferencialidade. Não se deve fazer da vocação um trampolim. Sacerdócio não é carreira, é serviço. A alegria está em servir. Fomos ungidos para servir.

O clericalismo é uma perversão do sacerdócio, é um abuso do poder, uma extrapolação do ministério. Os leigos e as leigas, o povo de Deus são tratados com rigidez, autoritarismo, centralização. O sacerdote que se parece mais com um sargento do que pastor do rebanho torna-se um controlador de tudo. Sua missão é ser outro Cristo, ser imagem do Bom Pastor, homem de Deus.

O comodismo é o "elixir do demônio" e grande é o perigo da "Igreja adormecida". Superemos o culto da mesmice, da acomodação, da apatia e do desânimo. O sacerdote desanimado e apático sofre a pior das tentações: a missão é prejudicada, o atendimento das confissões torna-se um peso, a vida pastoral é pautada pelo mínimo. Decaem o ardor, a criatividade e a vibração evangelizadora. A comunidade parece uma "peça de museu". O presbítero assume a "psicologia do túmulo", adora a "deusa murmuração" e sua face deixa transparecer uma "cara de vinagre". A alegria de ser padre desaparece e com ela o "cheiro das ovelhas". Doemos nossa vida pela salvação do mundo e pela glória de Deus. Assim, seremos benfeitores da humanidade, profetas da alegria, construtores do Reino de Deus no mundo.

A cultura da maquiagem é mais uma atitude antieucarística. Consiste em viver a vida dupla, a mundanidade, as aparências, a hipocrisia. O padre é homem de Deus 24 horas do dia e não só quando celebra. Não existe padre pela metade. A incoerência é um peso que leva ao cansaço, aumenta o vazio interior. A "trindade do mal" se torna um ídolo devorador: dinheiro, sexo e poder. Só a oração, a conversão, as lágrimas do arrependimento podem salvar.

Outra atitude antieucarística é a **fofoca,** a bisbilhotice, o mexerico. É um terrorismo, uma bomba da anarquia, um veneno que mata a confiança. Fala-se pelas costas. Grande é o prejuízo da fraternidade presbiteral, da convivência e da participação nas reuniões da evangelização. A agressividade, a discórdia e a divisão minam a comunhão, a unidade e a sinodalidade. Cada padre é responsável pela felicidade do colega padre. Saibamos elogiar, elevar, admirar nossos irmãos no presbitério.

A avidez do lucro transforma o pastor em um funcionário, administrador, profissional. O diabo entra pela carteira e pelo bolso e faz do presbítero um escravo do dinheiro. Não podemos aproveitar-nos da nossa condição religiosa, nem da bondade do povo para manipularmos e extrapolarmos. A pobreza evangélica e a sobriedade nos tornam ricos de amor aos pobres e livres dos laços do mal; livres para o bem.

A **tentação da resignação** consiste em deixar de rezar, de ler, de crescer na espiritualidade, na cultura, na atualização teológica. Resignar-se é poupar-se, desistir de lutar e de superar as fragilidades, pautar-se pelo mínimo, aderir à mediocridade e à indiferença. A Eucaristia é sacrifício, oblação, entrega, verdadeiro remédio que cura a ferida da resignação e nos dá coragem, fortaleza e entusiasmo para o "martírio do cotidiano", isto é, o dever, a responsabilidade, a oblação de si, hoje e sempre. Seremos pastores da alegria e testemunhas do Ressuscitado.

Que dizer do **padre pavão**? O Papa Francisco o descreve como alguém com psicologia de príncipe, penteador de ovelhas, elitista. Vive o drama da "bolha de sabão", atraente, mas frágil, provisório, ilusório e decepcionante. Esse tipo de padre cai no ridículo. Deixa-se seduzir por roupas de marca, carro da moda, sorrisos falsos é o pecado moderno da idolatria que faz do padre um "bailarino ou borboleta", que vaga de um lado para outro. Aspira às paróquias de boa renda. O próprio altar torna-se palco de exibição e palanque para interesses partidários. Como é belo e atraente um padre humilde, sóbrio, próximo dos fiéis! Tal padre é "carícia de Deus" para o povo, visibilidade do amor do Pai, sacramento do Filho de Deus, ministro da misericórdia, ungido e consagrado pelo Espírito Santo, ministro dos mistérios de Deus.

16

Eucaristia e cultura eucarística

O mistério eucarístico não se restringe ao templo nem ao coração do fiel, mas é para a vida do mundo. Leva a um novo modo de ser e a um novo modo de viver. Cria comunhão, unidade, relações de aliança. Inspira atitudes e opções de vida em favor dos pobres, dos excluídos, dos doentes. Supera divisões, inimizades, ódios e realiza reconciliação, convivência pacífica. Essa forma eucarística de viver caracteriza a Igreja Primitiva onde não havia necessitados entre eles, cativavam a simpatia do povo.

O jeito comunitário e solidário de conviver é o que chamamos de cultura eucarística, "sistema eucarístico", que muda o sistema econômico consumista, egoístico, para um estilo solidário de existência. É o pão do céu para a vida do mundo. Vejamos alguns aspectos da cultura eucarística.

A cultura eucarística como cultura da vida

De que a Eucaristia é remédio que cura, pão da imortalidade e pão da vida, força que impele a alegria de viver, ensina hospitalidade, leva à generosidade e solicitude para com os outros não se pode duvidar. Vence a cultura da morte e promove a cultura da vida em todos os seus níveis, inclusive a ecologia.

A cultura eucarística como cultura de comunhão

Unidade, participação, inclusão, comunhão são comportamentos e atitudes eucarísticas. Comungamos o Corpo de Cristo para ser o corpo da Igreja e respeitar o corpo humano. Vencer a solidão, a discórdia, o ódio, as divisões e estabelecer unidade e fraternidade é próprio da cultura da comunhão, resultado de uma espiritualidade de comunhão, fruto da Eucaristia. Por isso o racismo, as divisões, as exclusões, os guetos são pecados contra a Eucaristia.

A cultura eucarística como cultura da gratuidade

Eucaristia é ação de graças, louvor, gratidão que no cotidiano se traduz em atitude de gratuidade, altruísmo, serviço, voluntariado. Na cultura da gratificação, do pagamento, do cálculo, a gratuidade fala alto porque é doação de si, generosidade, amor desinteressado. Hoje, aquilo que é de graça atrai.

A cultura eucarística como cultura da solidariedade

A Eucaristia tem muito a ver com a fome e a partilha do pão. Jesus se identifica com os famintos e sofredores. Eles também são sacrários da presença do Senhor. A ordem eucarística é: "Dai-lhes vós mesmos de comer" (Mc 6,37). Onde há fome a celebração da Eucaristia é incompleta. Antes de celebrar a Eucaristia, Jesus multiplicou os pães e lavou os pés dos discípulos.

A cultura eucarística como cultura da beleza

A arte de celebrar, o espaço litúrgico, o canto, os enfeites, a arquitetura das Igrejas, enfim, a beleza, a estética são reflexos da luz, do atraente e do irradiante que existe em Deus, o Sumo Bem. Sem beleza não fazemos a experiência do fascínio, do encanto, da maravilha, que envolve o mistério de Deus, autor e criador de toda beleza. A Eucaristia gera enlevo eucarístico.

A cultura eucarística como cultura da ternura

Jesus se inculturou em um lugar do globo terrestre, em um povo, em uma religião, em uma família. Aprendeu a preparar refeições, a fabricar mesas, a perceber o valor do fermento, do grão de trigo, do pão. A Eucaristia é o sacramento da ternura de Deus, que se faz nosso companheiro de viagem, faz questão de estar conosco e quer entrar em nossa casa para cearmos juntos (Ap 3,20).

O tabernáculo é descanso e conforto, consolação e presença amiga. Jesus convida-nos para seu banquete, faz festa para seus convivas, tem compaixão dos famintos, multiplica os pães, prepara o peixe nas brasas e convida para a ceia (Jo 21,12). Em ambientes de violência, terrorismo, ódio, prisões, campos de concentração, a Eucaristia tem sido a ternura de Deus e a vitória da ternura. Há uma dialética esponsal na Eucaristia, o amor que se doa, o amor de aliança, de ternura.

A cultura eucarística como cultura do mistério

Nosso mundo é racional, científico, matemático, produtivo. O mistério rompe com esses horizontes estreitos e faz pensar na transcendência, na ressurreição, no além, na vida após a morte. Sim, o mistério faz pensar. A Eucaristia é mistério da fé, por ser presença de Jesus vivo, memorial do sacrifício da cruz, celebração da páscoa, ação de graças, antecipação da glória futura. Nada disso nos empobrece, pelo contrário, abre-nos para dimensões que dignificam a pessoa humana e revelam o amor de Deus.

A cultura eucarística é superação da **cultura da onipotência**. Uma criança educada sem disciplina e limites torna-se onipotente. Assume a posição de centro, quer as atenções para si, escraviza os pais, bate pé, vence pela birra, faz o que quer. A onipotência aqui não é culpa da criança, mas desvio na educação, que chamamos "erros de amor". Todo onipotente vira prepotente e depois, delinquente.

Adão e Eva são símbolos do **complexo de onipotência**. Não aceitaram sua condição de criaturas, seus limites, seu barro e quiseram ser iguais a Deus. O complexo de Adão está arraigado em cada ser humano que elege o poder como supremo afrodisíaco. Dominação, exibição, racismo, machismo são expressões do desejo de onipotência. O mercado globalizado de hoje é onipresente e onipotente. Comporta-se como divindade, esconde seus pés de barro. O ter foi elevado à categoria de endeusamento. A vontade de poder está globalizada. Eis o complexo original.

Outro aspecto do **complexo de onipotência** se manifesta em atitudes em que as pessoas escondem suas fraquezas, são vítimas do perfeccionismo, vivem o drama da autocondenação por não aceitarem seus limites e não integrarem suas fraquezas. Escondem e rejeitam suas sombras, seu lado fraco, seus pecados. Para manter a aparência, há muito desgaste e sofrimento. A onipotência impede a transparência.

Sofre de onipotência uma parte da ciência que não admite a dimensão espiritual de vida, não respeita a consciência muito menos a existência de um Criador ou Ser Superior. Reduz tudo ao campo da experiência matemática, ao cálculo e ao mundo material. É o reducionismo científico. De onipotência sofrem chefes de nações que se comportam como déspotas, detentores do poder econômico e político que escravizam a humanidade e são responsáveis pelo empobrecimento do mundo.

Na idade da adolescência também fazemos a **experiência da onipotência**. O adolescente se torna independente, acha-se o único, questiona tudo, assume atitudes de ousadia, arrogância e agressividade, confunde grosseria com masculinidade. Sua onipotência, infelizmente, expressa-se na teimosia, individualismo, liberalismo moral, velocidade no trânsito, imprudências de todo tipo etc.

Outra **manifestação da onipotência** encontramos nas pessoas que atribuem a si qualidades divinas. Acham-se iluminadas, inspiradas, intocáveis. Dão conselhos de todo tipo, invadem o íntimo alheio como se fossem infalíveis diretores da alma humana, "fazem previsões, leem os destinos, idolatram a si mesmas, fundam religiões, filosofias, instituições que tudo querem curar, tudo querem explicar, tudo querem dominar. É o "complexo de Messias", de Salvador de quem se coloca no centro, tudo sabe, tudo resolve, tudo determina.

Do **complexo de onipotência** sofre o alcoólatra, o doente, o viciado, enfim, qualquer pessoa ferida, mas que não aceita ajuda, que não se rende à sua fragilidade, isola-se, fecha-se, resiste. Só ele está certo. Todos os demais estão errados. Pior ainda, é quem não aceita a doença, a velhice e a morte por ser vítima do complexo de onipotência.

Muito comum em nossos dias é a **ditadura do sucesso**. Alimenta-se de concorrência, eliminação dos outros, corrupção, uso de meios ilícitos. O que importa é chegar lá. A isso chamamos de arrivismo. Importa o sucesso, o lucro, o bem-estar nem que seja às custas da eliminação de vidas, de valores, de tradições. A mística do sucesso está na civilização do consumo, na ética da sensação agradável, na satisfação imediata dos desejos, no individualismo exacerbado. Deus nisso tudo foi banido, despejado, excluído porque é um estorvo. A onipotência é um desejo de poder que exclui ou compete com Deus, mas elege ídolos, divindades, endeusamentos que só desgastam, corrompem e entravam o encontro com a verdade que liberta.

17

Eucaristia e ecologia

1. O pão é a **matéria-prima** da Eucaristia. Pão, farinha, trigo, terra e trabalho se transformam na consagração no Corpo de Cristo Ressuscitado. As moléculas do pão e vinho, transformadas no Corpo do Ressuscitado, indicam que a matéria e toda a criação estão destinadas à transformação, à cristificação, à ressurreição. A Eucaristia é sinal do futuro da matéria e da criação.

2. **Todas as criaturas** louvam o Criador: "sol e lua, bendizei ao Senhor". A criação é revelação da presença, sabedoria e beleza do Criador e canta seu louvor. Todas as coisas são eucarísticas enquanto manifestam a presença de Deus e cantam seu hino de gratidão. Essas mesmas criaturas são transformadas, no altar, no Corpo de Cristo e participam do louvor máximo, que é a Eucaristia. O mundo criado volta ao Pai, redimido por Jesus. A Eucaristia é a ressurreição da matéria, é a antecipação do novo céu e da nova terra.

3. A Eucaristia tem um **caráter cósmico**, universal porque é salvação e redenção de toda a humanidade. Abraça e impregna toda a criação, une o céu e a terra. Assim, a missa é sempre celebrada sobre o altar do mundo. A cruz é o altar cósmico, que salva o universo, e a missa é a glorificação do cosmos. O Cristo cósmico presente na criação é glorificado na ressurreição. Todo esse mistério está presente na Eucaristia.

4. Na Eucaristia Cristo glorioso se **apodera da matéria**. O que acontece com o pão e o vinho irá acontecer com todo o cosmos, a ressurreição. Isso já aconteceu no corpo de Jesus ressuscitado e agora acontece na Eucaristia. Toda a realidade cósmica, criada em Cristo, está destinada a participar da vida gloriosa de Deus, à realidade pascal de Jesus. A Eucaristia é a antecipação da vida eterna, da glória futura.

5. A Eucaristia, pão do céu para a vida do mundo, impele-nos a combater a fome e a zelar pela criação, pelo mundo cósmico que é a condição básica da vida na terra. A Eucaristia é um **compromisso com a ecologia** porque é pão da vida. Temos o pão graças à criação, à terra e ao trabalho humano. Para combater a fome e defender a vida, a Eucaristia vem em defesa da ecologia. O mesmo Espírito da criação, no Gênesis, da encarnação no Seio da Virgem Maria, da ressurreição de Cristo, é o que torna real a presença de Jesus no pão e no vinho. O corpo ressuscitado de Jesus e o corpo eucarístico de Jesus são pneumatizados, espiritualizados, ressuscitados pelo mesmo Espírito, que tornará nosso corpo mortal glorioso e assim todas as criaturas.

6. Na Eucaristia acontece antecipadamente a **cristificação do cosmos**. A matéria e o cosmos tornam-se o Corpo de Cristo. Já acontece agora a soberania de Jesus sobre o mundo. Não podemos matar a vida do cosmos, que está destinada à vida plena, à glória. As coisas foram criadas em Cristo, dignificadas na sua encarnação, espiritualizadas na sua ressurreição. A celebração eucarística é anúncio e antecipação da glorificação de todas as coisas, nas espécies do pão e do vinho "eucaristizados". A Eucaristia nos convida a uma conversão ecológica, à promoção e ao cuidado da vida cósmica.

18

Adoração e visita ao Santíssimo Sacramento

A presença junto ao amado é uma marca do amor. Os amigos se frequentam e confidenciam. Adoração e visita ao Santíssimo Sacramento são atitudes de amor. É bom demorar-se com o Senhor e ouvir como o apóstolo João as batidas de seu coração, que impulsionam o mundo. Grandes homens e mulheres moveram o mundo a partir do Sacrário. A adoração contagia, inspira, fortalece, revigora.

Quantos sacerdotes salvaram seu ministério da solidão, pelo encontro e pela amizade com Jesus sacramentado. Idosos e crianças se comovem diante da presença viva do Senhor. Aí encontram conforto, descanso e inspiração. Em nossos dias, os jovens estão encontrando na adoração o amigo que os ouve, a beleza que os atrai, a verdade que os liberta, a ternura que os abraça e lhes perdoa.

Dioceses e países que têm Adoração Perpétua testemunham o aumento de vocações, o zelo pelo domingo e o amor aos pobres e doentes a partir da adoração eucarística. As pessoas ajoelham-se diante do sacrário e, depois, prostram-se para o lava-pés dos irmãos. A adoração nos faz sensíveis à dor do povo. No sacrário o Senhor espera por nós, e ali podemos reparar os pecados da humanidade. Adoração e reparação andam juntas, portanto a adoração leva à santificação. É uma oração pelo mundo, um gesto de amor feito de intercessão.

Dedicamos tempo para as pessoas que amamos. Não podemos ser avarentos em relação ao tempo que dedicamos a Jesus Cristo vivo, presente e atuante no sacrário. Até o silêncio fala e se revela de um modo especial e profundo. De que o tabernáculo é uma escola não dá para duvidar, mas o sacrário vivo do Senhor é o coração de cada pessoa. Somos sacrários, ostensórios, tabernáculos, templos do Senhor. O sacrário das Igrejas nos remete ao sacrário humano, o coração das pessoas, especialmente dos pobres, com os quais o Senhor se identifica (Mt 25,35).

Adorarmos o Senhor em espírito e verdade (Jo 4,24) é: adorarmos a partir de Jesus nossa verdade, iluminados pela Palavra da verdade e com o coração unido a Deus pela graça e pelo amor. Precisamos estar na Igreja não só com o corpo, mas com o coração. A presença de Jesus no tabernáculo é dinâmica, viva, eficaz. Ele está ali em ação. A adoração cria um sentimento de maravilha e admiração, que vêm da fé. Adoração é um relacionamento de duas consciências, dois corações, dois olhares. Quando a adoração é transformante, resolvemos o conflito entre adoração e celebração eucarística. Uma completa a outra.

A adoração não tem prioridade sobre a celebração, a ceia, o banquete. A adoração pietista, individualista, emocional é um desvio da fé eucarística. Jesus instituiu a Eucaristia como alimento: tomai e comei. Celebração e adoração não são opostas, embora haja desvios em dar prioridade à adoração dentro da celebração. Adoração não deve ser devocionismo desligado da celebração da comunhão fraterna, da opção pelos pobres e da missão. A celebração ilumina a adoração, que é a continuidade da celebração em forma de meditação que leva à ação. Graças à adoração em espírito e verdade, temos leigos e leigas que enfrentam a pastoral carcerária, a pastoral nos hospitais, a alimentação de andarilhos e habitantes de rua e tantas outras iniciativas pastorais. Lembremos que o carisma dos Padres do beato Charles de Foucault, o irmão universal, é a adoração. Adoração, trabalho, fraternidade. O carisma da adoração marca a espiritualidade da Comunidade Copiosa, Redenção que trabalha com recuperação de dependentes de drogas. O Sacrário é um polo de atração e de força missionária.

As pessoas encontram no tabernáculo um confidente que ouve, ilumina, consola e cura e experimentam o calor da intimidade do amigo. A verdadeira adoração também nos faz uma só coisa com o Senhor, um só espírito. Nos inícios da Igreja, conservava-se a hóstia consagrada fora da celebração para levá-la aos doentes nas casas e ruas: é o viático. Com o crescimento e o progresso da compreensão do dogma, fomos descobrindo outros tesouros por meio da adoração e visita ao Senhor sacramentado. Toda devoção eucarística está ligada à missa e à espiritualidade eucarística, que é a unidade da Igreja e a ação em favor dos pobres pelo combate à fome. O Corpo de Cristo nos remete ao corpo da Igreja e ao corpo do faminto. Vinde, adoremos.

SANTO AFONSO e as visitas a Jesus Sacramentado

O Fundador da Congregação do Santíssimo Redentor, Santo Afonso Maria de Ligório, está entre os Santos que mais profundamente testemunharam amor extremado por Jesus Sacramentado. Seu famoso livro: "Visitas a Jesus Sacramentado" alcançou 35 edições pela Editora Santuário.

Dentre vários títulos que Santo Afonso recebeu, um deles é: "Doutor da Oração". Ele mesmo testemunhou: "A oração me salvou". Acreditemos também nós no poder da oração. Rezemos, sempre, sem desanimarmos.

Vamos agora conhecer alguns ensinamentos de Santo Afonso, a respeito das Visitas ao Sacrário. A fonte de referência é o livro acima apresentado. Espero que você leitor (a) possa tirar proveito espiritual do que agora irá ler. Tenho certeza de que você vai vibrar e redobrar o amor por Jesus Sacramentado e se tornar propagador da visita ao Santíssimo Sacramentado. Jesus nos espera de braços abertos, com muita paciência, esperança e alegria. No Tabernáculo, os amigos se visitam. Se você quiser receber muitas graças, faça muitas visitas a Jesus sacramentado. Eis o que nos ensina Santo Afonso.

O Sacrário é fonte, é casa do Vizinho, é prisão, é paraíso, é hospital, é escola, é invenção do amor, é lugar de audiência, é tenda, é fogueira, é trono da graça, é moradia do Amigo, é santuário, é abrigo. Todos esses títulos são experiências de Santo Afonso, diante do Tabernáculo.

No Sacramento do altar, Jesus nos diz: *"Estou aqui porque te amo"*. Acorramos, pois, a Ele como um doente diante do médico, como um sedento diante da fonte, como um mendigo que pede pão, como um amigo que dedica tempo ao Amigo Jesus. Ele nos espera e quer ser amado por nós. O Sacrário é a fonte de todos os bens, remédio para todos os males, tesouro para todos os pobres de espírito, misericórdia para todos os pecados. No Sacramento encontramos sustento, defesa, consolação e guia.

Jesus fez sua habitação no meio de nós para ser acessível a todos, perpetuar sua presença na terra, estar próximo de todos. No Sacrário está o nosso tesouro, aí esteja também nosso afeto e nosso coração. Quão amáveis são as invenções do Amante Divino. "Senhor, são tantas as finezas do vosso amor." Sois todo belo, todo amante, todo amável. Ao ouvir as palavras presépio, cruz, tabernáculo, meu coração se inflama de amor. Esse divino mistério me transporta, extasia-me, fascina-me. Não há companhia melhor que a de Jesus.

Eu vivo encantado, Senhor, com vossa proximidade, vossa humildade, vossa bondade e ternura. Sois semelhante à Mãe, que alimenta o filho. Tudo fazeis para ganhar nosso coração. Coloco em vós, Senhor Jesus, minhas esperanças, meus afetos, meu corpo, minha alma. Quero desejar o que desejais, querer o que quereis, amar o que amais. Sois o objeto dos meus pensamentos, minhas aspirações, meus desejos, afetos, sentidos e minhas potências.

Vosso amor Vos tornou nosso prisioneiro, para estar perto de nós e vos comunicardes conosco, oferecendo-nos audiência. O Sacrário é lugar de nosso repouso, de refazer as forças, de encorajamento para sempre recomeçarmos. Consagremos tempo para estar com o Senhor, o Amigo.

Viestes, Jesus, trazer fogo à terra. Vosso Coração é uma fornalha ardente. Assim é o Tabernáculo. Abrasai-nos de amor por Vós. Que nosso coração vos deseje, procure-vos, suspire por vós. Se procurássemos o Sacrário, como procuramos dinheiro, o remédio, a fama, não seríamos tão miseráveis. Deixamos a fonte de água pura e bebemos nas cisternas estragadas. Sabemos, Senhor, que no Sacrário estais ferido de amor por nós. Tendes sede de nossa presença e salvação. Renunciemos ao apego de parentes, de prazeres, de comodidades, de caprichos, para frequentar Jesus no Sacrário. Atraí-nos para vós, oh bom Jesus.

Viestes morar perto de vossos amigos para vê-los, ajudá-los, apoiá-los. Quereis dialogar, trocar ideias, entreter-Vos conosco. Nossa visita Vos dá oportunidade de dar-nos todos esses bens. É agradável estar na companhia de um amigo querido. Os amigos dedicam tempo um para o outro, marcam presença, abrem o coração, corrigem, elogiam, incentivam uns aos outros. Assim é Jesus sacramentado. Veio do céu para a prisão do Sacrário. Visitemos o amigo encarcerado. Ele nos consola, perdoa, inspira, cura. A visita ao Sacrário nos ajuda a aprofundar e permanecer na amizade com o amantíssimo Amigo. Eis o amor inefável e incompreensível de Deus. Pai, manifestado em Jesus.

Não convém passar na frente da casa de um amigo e não entrar, ao menos, para saudá-lo. Jesus merece nossa visita. Se pecamos, Ele nos purifica; se caímos, Ele nos levanta; se nos perdemos, Ele nos mostra o caminho; se estamos doentes, Ele indica o remédio; se estamos desanimados, Ele nos encoraja. Vamos, pois, todos ao Sacrário, ali está nosso Vizinho.

Os santos choram diante do tabernáculo ao verem Jesus abandonado e os bares, palácios, salões cheios de gente. Todavia Ele não se cansa de nos convidar e esperar por nós. Não há santuário mais amável e mais desejável que o Sacrário. Como Jesus se aniquila, oculta-se, autolimita-se, humilha-se na Eucaristia.

Para ir à Terra Santa, visitar os lugares onde Jesus nasceu, cresceu, padeceu, morreu e ressuscitou, nós suportamos fadigas, sofremos contratempos, gastamos tempo e dinheiro. Mas o abandonamos e o esquecemos no Sacrário, a poucos passos de nossa casa. Deixamos de receber muitas graças por não visitar o Senhor, que mora perto de nós.

Na Encarnação, Jesus ocultou sua divindade, no Sacrário Ele oculta também sua humanidade, "coisificou-se", tornou-se "isto". Só vemos a aparência do pão. Eis as entranhas de sua caridade, de sua ternura. "Isto" é o meu corpo; quanta humildade!

"*Diante de tanto amor, já não sei o que fazer por Jesus sacramentado*", diz Santo Afonso. Esse amor excessivo, continua o Santo, leva-me a ficar fora de mim mesmo, sem mais saber o que dizer. Por outro lado, tantos desprezam, blasfemam, roubam hóstias, calcam-nas aos pés, atiram-nas ao chão, à agua, ao fogo. Lavemos estes lugares com nossas lágrimas. O que podemos fazer é visitar-Vos, Senhor, e reparar tantos pecados e tantas irreverências.

A Eucaristia é o Amor. Para milhares de pessoas é o "amor não amado", o amor rejeitado, o amor esquecido, o amor não acreditado. No Sacrário, Ele nos ama ainda mais do que no presépio e cruz. Desceu ao máximo grau de despojamento, nem sequer tem aparência de pessoa humana. É preciso, de novo, ouvir o Pai declarar: "*Este é o meu Filho em quem coloquei toda a minha afeição. Escutai-o*" (Mt 17,5). Como pode haver quem sente tédio em adorar o Filho de Deus?

A Eucaristia é amor sem limites, amor excessivo, amor louco, amor indizível. É o maior dos milagres. Amemos Jesus com o mesmo amor com que Ele nos ama. Ele se assenta à beira do poço esperando a samaritana. No Sacrário espera por nós, com a mesma ternura.

Senhor, escreve Santo Afonso, "*quero fazer o que Vos agrada mesmo que deva perder parentes, amigos, honra, saúde e a própria vida*". Continua nosso santo: "*Amo-vos, meu amor, meu paraíso, minha felicidade, minha vida, meu tudo, meu Sumo Bem: Amigo, amantíssimo, companheiro perpétuo*".

19

A missa, seus símbolos e a vida cristã

1. **A missa começa com a preparação**. Nunca o altar seja lugar de treino e improvisação. Atletas, artistas, cantores, radialistas preparam-se rigorosa e constantemente para bem comunicar sua mensagem. Jesus manda preparar a ceia (Mt 26,17; Mc 14,12; Lc 22,7). Preparação remota e próxima, interna e externa. Deus merece ser louvado com arte e com fé, e o povo merece celebrações profundas e belas, que arrebatem o coração e evangelizem os participantes.

2. **A procissão de entrada** lembra o êxodo e a Igreja peregrina, caminhante, missionária. A saída de casa para a Igreja, a procissão de entrada, outras procissões litúrgicas simbolizam a Eucaristia como alimento e força do povo caminhante e peregrino, povo com pé na estrada para evangelizar como também a pastoral da visitação. É preciso sempre caminhar. Temos um longo caminho a percorrer. Jesus é a estrada.

3. **O acolhimento na porta da Igreja e na celebração.** Toda pessoa gosta de ser acolhida, notada, valorizada. O acolhimento e a recepção nos levam a saudar as pessoas que encontramos no cotidiano, a exercer a hospitalidade, a receber as visitas, a acolher os que batem à porta, a visitar os novos vizinhos da rua. Abrigar, em casa e no coração, os nossos irmãos e as nossas irmãs é um jeito de sermos eucarísticos.

4. **O ato penitencial**. Quando entramos em uma casa, limpamos os pés. O banho corporal é também respeito pelos outros. Muito mais o perdão irá nos aproximar de Deus e dos irmãos. Sem perdão, falha a comunicação. Purificados pelo perdão de Deus aprendemos a ser misericordiosos. Nossa sociedade massificada e violenta precisa da Igreja misericordiosa e samaritana. O primeiro altar é o irmão, depois vem a celebração. Sem fraternidade e perdão, a celebração é uma simulação.

5. **A leitura e proclamação da Palavra**. Acolhidos e perdoados, temos condições para escutar, acolher e interiorizar a Palavra. É hora do diálogo, da intercomunicação. Precisamos também ouvir o grito dos excluídos, a voz da consciência e o clamor dos irmãos. Pela Palavra somos discípulos e profetas. A missa nos ensina a ter tempo para ouvir, coragem para dialogar, sabedoria para profetizar. A leitura orante da Bíblia é a escola de nossa autoevangelização.

6. **A preparação para as oferendas**. O dom de si, a disponibilidade, a entrega e oferta de si mesmo fazem de cada fiel um sacrifício vivo. Entregar pecados, apegos, afetos e projetos a Deus não é fácil, mas é possível. Livres dos apegos nos tornamos solidários. Essa disponibilidade e dedicação nos acompanham no cotidiano. Nossa vida é nossa missa.

7. **A consagração**. Como Jesus se entrega e se consagra ao Pai e a nós, assim nos consagramos a Deus e aos irmãos. A consagração é um juramento de dar a vida, e o martírio é o mais alto grau da fé eucarística. Todavia nosso cotidiano é o lugar de nossa consagração e santificação, é o altar de nosso martírio diário no testemunho de fé e amor. Somos sacrifício vivo, hóstia agradável a Deus. Nossa missa é uma missa sobre o mundo, o cotidiano, o dia a dia.

8. **A comunhão**. É o ápice da celebração. Quanta honra, elevação e magnificação da pessoa humana provêm da Eucaristia. A missa é o ato mais importante do nosso dia e nos impele à comunhão com a Igreja, com a comunidade e com o próximo. É o lava-pés e o abraço fraterno na comunhão com os pobres e sofredores. Quem comunga não pode ser promotor de discórdia e de divisão.

9. **A ação de graças**. Toda missa é ação de graças, mas, após a comunhão, temos um momento privilegiado de silêncio, diálogo e ação de graças. Aprendemos, na lição do altar, a viver com gratuidade e ter gestos de altruísmo, voluntariado, como gestos de gratidão, reconhecimento, ação de graças. A missa faz de nossa vida um magnificat.

10. **Ide em paz**. O final da missa é uma ordem para a missão. Do interior do templo, voltamos às estradas da vida para evangelizar. O altar nos remete para a rua, a fábrica, as casas, em missão. Do sacrário e da celebração, somos enviados à evangelização. A Eucaristia é um sacramento social, missionário e dinâmico. Na verdade, é uma escola de comunhão e missão. Quanto mais comunhão, mais somos motivados a partir em missão.

20

Espiritualidade do domingo, Dia do Senhor

Precisamos recuperar o sentido cristão do domingo. Nesta perspectiva, ofereço hoje ao caro leitor/a algumas considerações para evitar que o domingo seja "dia do pecado", como dizia Santo Agostinho.

1. O domingo é **dia do Senhor** porque é o dia que recorda a ressurreição de Jesus. O polo da atenção do domingo é Jesus ressuscitado. O domingo é uma forma de amarmos a Deus sobre todas as coisas, professando nossa fé no Senhor Jesus. No dia do Senhor, todos os outros senhores (ter, prazer, poder) tomam o segundo lugar, tornam-se relativos. Assim o domingo é um dia de profissão de fé no Senhor Jesus e, ao mesmo tempo, um dia de conversão frente a outros senhores que podem ser adorados no lugar de Jesus.

2. O domingo é **dia da Igreja**, dia da comunidade, dia do encontro dos cristãos. Participando da missa dominical, todo cristão se identifica como tal, e assim o domingo pode ser chamado de "dia da identidade cristã". Já o historiador Flávio Josefo identificou os cristãos a partir da reunião dominical que eles faziam antes de o sol raiar. O domingo é, pois, o dia em que nós confirmamos nossa pertença à Igreja, à comunidade eclesial.

3. O domingo é o **dia da celebração** sacramental. No encontro eucarístico, aprofundamos nossos compromissos de batizados, celebramos o sacerdócio comum e ministerial e podemos receber o perdão por meio do sacramento da penitência. Nesse sentido, o domingo não é um dia em que apenas cumprimos uma lei, mas é o dia da celebração sacramental, dia da maior identificação nossa com Cristo pelos sacramentos.

4. O domingo é o **dia da Páscoa** semanal. Páscoa é a passagem de uma vida pecaminosa a uma vida em graça. O domingo é uma oportunidade para se operar essa passagem. Celebrando o mistério pascal no domingo, o cristão pode estabelecer a passagem (Páscoa) de uma vida pior para uma melhor, da omissão para a ação, da superficialidade para a profundidade, do pecado para a santidade. Eis a Páscoa atual.

5. O domingo é o **dia da santificação** do tempo. O tempo não é um valor apenas cronológico e físico, é também um valor espiritual. É no tempo que nós nos santificamos ou nos perdemos. Na celebração dominical, nós podemos nos abandonar nas mãos de Deus, oferecendo-lhe a semana que começa. Enquanto santificação do tempo, o domingo é recordação do passado (paixão e ressurreição de Jesus), é celebração do mistério pascal no presente e antecipação do futuro. O domingo pode ser chamado de "dia da recuperação do tempo".

6. O domingo é o **dia da caridade**. Indo ao encontro de Cristo na missa dominical, acabamos encontrando o irmão. Se a fé sem obra é morta, a missa dominical sem a caridade também é morta. Contam os historiadores que antigamente, nos domingos, os pobres eram socorridos, os escravos emancipa-

dos, os inimigos perdoados (A. Moser). O domingo é, pois, o "dia do compromisso social".

7. O domingo é chamado de **"oitavo dia"**. Entendemos por "oitavo dia" aquele dia que não terá mais acaso, o dia da segunda vinda de Jesus para julgar os vivos e os mortos. No banquete eucarístico, antecipamos o banquete celestial, a ceia nupcial e eterna do Cordeiro. Nesse sentido, o domingo nos lembra o dia final, o dia escatológico da vinda de Jesus e o início do novo céu e da nova terra. O domingo é anúncio da via que há de vir, é um indicativo da vida futura, é o oitavo dia, é a recordação da dimensão transcendente da história. É uma profissão de fé na vida além da morte.

8. O domingo é o **dia da socialização**. Na assembleia dominical, reúnem-se todos os tipos e todas as classes de pessoas, reúnem-se os diferentes. Não há classificação nem acepção de pessoas. Todos têm acesso a essa reunião. Difere de um clube e de uma associação qualquer. Reunindo os diferentes, o domingo evoca a vocação universal da humanidade que consiste na convivência das diferentes raças, nações, cores e línguas. O domingo é uma crítica a toda política do apartheid, uma denúncia da luta de classes e uma profecia que evoca o dia da sociedade sem classes e a vocação da humanidade que consiste em tornar-se "comunidade universal", como desejam as encíclicas papais.

Domingo (Dominus) quer dizer **dia do Senhor**. É um dia que marca a originalidade cristã porque a Ressurreição e o Pentecostes aconteceram no primeiro dia da semana. Assim, o domingo substitui o sábado que lembrava duas realidades: a criação e a libertação do Egito.

Nos tempos da cristandade, o domingo era vivido com reverência e respeito. Hoje, na sociedade secularizada, na cultura pós-moderna, marcada pelo neopaganismo, o ídolo do consumo tem suas catedrais e adoradores. O mercado tomou o lugar social da religião, que ficou relegada ao âmbito da intimidade. Mamona (o deus dinheiro) quer o sangue de seus adoradores. É um deus ambicioso, competidor, ciumento. É tremendo e fascinante.

Mesmo assim, é bom lembrar os diferentes significados do repouso dominical: saber parar e silenciar para o tríplice encontro consigo, com os outros e com Deus. Não trabalhar no domingo é confessar que a vida é feita de ação e contemplação, é livrar-se da tentação do lucro a todo custo. Parar de trabalhar no dia do Senhor é testemunhar que o valor supremo da vida é Deus e que o critério definitivo é a fé. A prescrição do repouso evita a instrumentalização da pessoa e respeita sua dignidade. Nosso sucesso vai além do trabalho, do lucro, do consumo.

O repouso dominical não é apenas um relax que pode ser transferido para qualquer dia da semana. O domingo lembra que o sucesso humano vai além do sucesso social, pois a vida tem uma dimensão transcendente. O repouso dominical iguala a todos, convidando ricos e pobres a adorarem o Único Deus e Pai de todos. Repousar no domingo é ter capacidade de estar a sós, de tomar distância das coisas, de redimensionar a vida, de silenciar. Sim, a pedagogia do repouso dominical consiste em nos adestrar para aquele repouso definitivo, a morte. Saber repousar é aprender a morrer, é preparar-se para a parada definitiva, o "stop eterno", a entrada no descanso final. Repousar no domingo é confessar que, sem aquele "ócio contemplativo", não conseguimos rezar. Pior ainda, "quem não reza vira bicho", dizia Dom Gregório. Por fim, lembramos o papa Paulo VI que dizia: "os maus são atrevidos e os bons são acanhados". Que ninguém fique acanhado na defesa do domingo e seu repouso. Não podemos baratear o domingo que custou tão caro ao Redentor. Que o repouso do domingo seja uma revelação dos valores que não passam, das verdades que não enganam. Defendendo o repouso dominical preservamos a unidade da família, a oportunidade das visitas a hospitais e prisões, a prática da religião, a oportunidade do lazer, a igualdade de todos perante Deus, a justiça social.

O domingo é um dia santo e de festa em honra de Jesus ressuscitado. É a celebração desta nova criação. Na verdade, o tempo e o espaço pertencem ao Senhor. Dele são todos os dias. Mas o homem necessita de momentos explícitos de oração, e o domingo é essa oportunidade. "Recorda-te do dia do sábado, para o santificares" (Êx 20,8).

Guardar o domingo, como dia santo e de repouso, não é apenas interromper o trabalho para um relax, mas também celebrar as maravilhas realizadas por Deus, com gratidão e louvor. Adoração e repouso, culto e descanso são as duas características do domingo.

Marcado pela ressurreição de Jesus, o domingo é dia festivo. Na casa arrumada, na comida diferente, na roupa mudada, nas visitas às pessoas e celebrações na Igreja, expressamos a alegria da ressurreição. Domingo é o dia da vitória da vida, festa da vida, é o primeiro dia da semana, dia do Senhor. Os historiadores, dentre eles Plínio, o Jovem, identifica os cristãos a partir do domingo quando escreve: "Eles se reúnem num lugar, antes da aurora, no domingo, entoam hinos a Cristo". Com efeito, o domingo é o dia em que, mais do que qualquer outro, o cristão é chamado a lembrar a salvação. É o dia iluminado pela luz e o triunfo de Cristo ressuscitado. Ele é o sol que ilumina os que jazem nas trevas e na sombra da morte (Lc 1,78), é a luz que ilumina as nações (Lc 2,32).

Assim, o domingo é o dia da fé, da profissão de fé, do testemunho especial da fé, dia por excelência da manifestação pública e social da fé. O domingo é um elemento qualificante da identidade cristã. A sexta-feira é o dia da fé dos muçulmanos, o sábado é o dia da fé dos judeus, o domingo é o dia da fé dos cristãos. O domingo é nosso. Foi nos dado por Deus.

O Papa João Paulo II escreveu uma carta aos católicos sobre o domingo, intitulada: "O Dia do Senhor". Define o domingo como: dia da ressurreição, páscoa semanal, dia de alegria, dia do Senhor, dia de festa, dia do descanso, dia da Igreja, primeiro e oitavo dia, dia da esperança, dia da solidariedade, dia do homem, "dia dos dias", dia dos cristãos.

Portanto, o domingo não é um mero "final de semana", tempo de relax ou de diversão apenas. A Cristo pertence o tempo e a eternidade, a Ele pertence o domingo, dia marcado pelos maiores acontecimentos da salvação. É o dia iluminado por Cristo ressuscitado, o dia da luz, dia do sol, que ilumina os que jazem nas trevas. Assim, o domingo é o dia da fé.

O domingo é um **"dia irrenunciável"**, isto é, não pode perder sua identidade cristã, pois trata-se de um elemento qualificante da identidade cristã. Diz o Papa: "Estou presente espiritualmente nas várias comunidades onde, cada domingo, vos reunis com vossos pastores para celebrar a Eucaristia".

Hoje, a evolução socioeconômica e cultural mudou a fisionomia do domingo. Impôs-se o costume do "fim de semana", e o domingo perdeu seu significado original. Reduzido a puro "fim de semana", o domingo já não permite ao homem moderno olhar para o céu. Ele permanece cerrado no horizonte da terra.

É preciso, diz o Papa, reavivar a catequese e reeducar os cristãos para o valor do domingo e, ao mesmo tempo, preparar bem a celebração dominical. A recuperação das profundas motivações doutrinais sobre o domingo é necessária e urgente. Esse dia está no âmago da vida cristã. Não podemos perder tal tesouro. "Não tenhais medo de dar o vosso tempo a Cristo." Sim, Ele pode iluminar e dirigir nosso tempo porque a Ele pertencem o segredo do tempo e o segredo da eternidade. Ele nos entrega o "seu dia", como um dom sempre novo do seu amor.

Demos a Cristo o nosso tempo, lembrados de que nunca será um tempo perdido, pelo contrário, será um tempo conquistado para profunda humanização das nossas relações e da nossa vida.

Anexo
Sínodo sobre a Eucaristia

Aconteceu em Roma, no mês de outubro de 2005, o Sínodo sobre a Eucaristia. Na sala sinodal, ecoou a experiência que a Igreja vive em nossos dias em relação à Eucaristia. Iremos aqui pontuar alguns temas e algumas intervenções dos Padres Sinodais. Nossa fonte de informação é o jornal do Vaticano, L'Osservatore Romano.

1. Vive-se na Igreja o drama da criatividade exagerada e, por outro lado, do ritualismo frio e passivo, nas celebrações.
2. Há um protagonismo do celebrante que aparece no falatório, sermões compridos, comentários exagerados, celebrações com interesse de chamar atenção sobre si, de autopromoção.
3. A cultura atual da exclusão e violência deve ser sanada pela cultura eucarística da paz, da solidariedade, da beleza, da vida.
4. A Eucaristia é atualização do sacrifício da cruz, e o martírio é o mais alto grau da vivência eucarística.
5. Há missas mal preparadas e a ação de graças é superficial.
6. O povo comunga sem procurar o sacramento da confissão.
7. Perdeu-se o sentido do mistério e do pecado, e, com isso, a Eucaristia foi banalizada.
8. A vida eucarística consiste em lutar pelo pão, pela justiça, pela promoção dos pobres.

9. Há celebrantes que ainda centralizam tudo e há celebrantes que delegam tudo aos leigos.
10. Celebra-se a Eucaristia em situações de discórdia, divisão, ódio. Tal celebração é indigna.
11. O ato penitencial não é ato sacramental nem perdoa pecados graves.
12. Há lugares onde se exclui a segunda leitura na missa dominical.
13. A coleta da missa deve ser destinada, em parte, aos pobres.
14. A arte de celebrar é para ajudar a participação da assembleia, dar glória a Deus e pedir a salvação do mundo. Por que nossas missas são rotineiras e homilias mal preparadas?
15. Há abuso de missa com várias intenções pagas.
16. O povo não distingue o valor do culto, a celebração da Palavra e a missa.
17. Quem preside a celebração deve distribuir também a comunhão.
18. Há ministros que conservam a Eucaristia em suas próprias casas.
19. A homilia seja feita pelo sacerdote.
20. Há ministros leigos que dão a impressão de estarem presidindo a Eucaristia quando, na verdade, presidem o culto ou a celebração da Palavra.
21. Há desconhecimento do rito, desejo de novidade e a necessidade de inculturação litúrgica, diante das mudanças da cultura.
22. Não se deve substituir textos bíblicos por outros textos na liturgia.
23. Deve haver mais espiritualidade, melhor formação do clero, mais estudo e mais catequese sobre a Eucaristia.
24. O canto litúrgico não seja canto profano, nem show de cantores.
25. Há desleixo nas toalhas do altar, nas vestes litúrgicas, descuido com as flores.

26. O sacrário foi tirado do centro das Igrejas. Muitas vezes, os fiéis precisam procurar o dono da casa que está fora ou oculto.
27. Há conflito entre a adoração e a celebração da ceia do Senhor. Uns afirmam que a adoração foi introduzida posteriormente na Igreja e que a celebração da ceia é refeição, banquete.
28. Há lugares onde as Igrejas permanecem fechadas impedindo a adoração.
29. A Eucaristia não é meio para alcançar o ecumenismo, mas é a meta final do ecumenismo. Primeiro vem a unidade, depois, a Eucaristia.
30. A celebração, muitas vezes, está distante da realidade vivida, não fala ao homem concreto.
31. Descobrir o nexo entre Eucaristia e fome, Eucaristia e martírio, Eucaristia e missão e a beleza da Eucaristia.
32. Não é suficiente rezar a fórmula eucarística, mas ter uma vida de "forma eucarística".
33. Os fiéis devem conhecer o rito e observá-lo, porque ele exprime a fé e o mistério.
34. Comungamos o Corpo de Cristo para ser seu corpo místico, o corpo eclesial.
35. As comunidades que celebram o culto e fazem a celebração da Palavra por falta de sacerdotes são "comunidades na expectativa do sacerdote".
36. Alguns Padres Sinodais pediram facilitar a comunhão dos que estão em 2ª união.
37. A adoração está ligada à reparação.
38. Relacionar Eucaristia e ecologia.
39. A essência da Eucaristia é a unidade da Igreja com a eclesiologia de comunhão.
40. Valorizar a comunhão espiritual.
41. A Primeira Comunhão não seja festa de ostentação e desperdício.

42. A Eucaristia mobiliza os fiéis para ação social.
43. Pede-se mais aclamações do povo na oração eucarística.
44. A missa na TV ajuda os doentes e idosos.
45. O abraço da paz seja celebrado em momentos diferentes, como no ato penitencial, no ofertório.
46. Melhorar as homilias, os cantos, a arte sacra, a catequese eucarística.
47. Uma nova catequese eucarística é necessária a partir da iniciação cristã, a leitura orante da bíblia, a renovação missionária, a paróquia, a evangelização.
48. Eucaristia não é devoção individual, mas "projeto eucarístico", cultura eucarística, uma forma eucarística de vida.
49. Mais responsabilidade com a Palavra, os Sacramentos da Confissão, a ação do Espírito Santo e a dimensão escatológica da Eucaristia.
50. A dimensão dinâmica da Eucaristia: Jesus está vivo e atento, em reparação e entrega de si, no sacrário. A Eucaristia é o pão do caminho.
51. O povo necessita de catequese sobre o domingo como dia do Senhor.
52. Não basta rezar a missa corretamente, segundo manda o rito, é preciso fé, testemunho de vida e espiritualidade.
53. Há celebrações pobres demais e outras muito barulhentas.
54. Não se deve reduzir a Eucaristia às nossas necessidades e aos nossos desejos.
55. A Eucaristia é para a santidade de vida e a sociedade justa.
56. A missa é um ato missionário porque é para a salvação do mundo. A Eucaristia diz respeito à fome, ao martírio e à missão.
57. Nossos fiéis devem participar da missa por amor e conhecimento do mistério, não só por obrigação.

Esses foram alguns acenos do Sínodo sobre a Eucaristia referente à realidade eucarística da Igreja dispersa pelo mundo inteiro.

Conclusão

O sacramento da Eucaristia merece toda a nossa atenção e todo o nosso afeto. Precisamos de um reencantamento eucarístico na Igreja e no mundo. Somos convocados a uma reeducação eucarística. Nada na Igreja deve ser anteposto a Cristo Jesus. Só uma fé profunda nos ajudará a adorá-lo em "espírito e verdade" (Jo 4,23).

As realidades ótimas podem tornar-se péssimas, diziam os antigos. Não podemos empobrecer o mistério eucarístico. Pelo contrário, a mística eucarística trará vida para as celebrações litúrgicas, inspiração para a nossa cultura, força para as lutas do cotidiano. Da fórmula eucarística, ou seja, do rito passaremos para uma "forma eucarística" de vida.

Estamos vivendo uma situação de "urgência eucarística" que requer aumento da fé, conhecimento teológico, vida espiritual, catequese permanente. Que nossa missa seja a nossa vida, e a nossa vida seja nossa missa.

Bibliografia

Carta Apostólica, Mane Nobiscum Domine, João Paulo II, 2004.
Carta Apostólica, Mistério e Culto da Eucaristia, João Paulo 11, 1980.
Carta do Santo Padre, João Paulo II, aos sacerdotes por ocasião da Quinta-feira Santa.
Catecismo da lgreja Católica, n. 13 22 a 1419.
Encíclica, Ecclesia de Eucharistia, João Paulo II, 2003.
Encíclica, Misterium Fidei, Paulo VI, 1965.
Jornal, L'Osservatore Romano, Ano 2003, 2004, 2005 e 2006.

Índice